VOCÊ PROSPERANDO
TIRANDO O VELHO EU DE CIRCULAÇÃO
QUE ME IMPEDE A PROSPERAR!

Editora Appris Ltda.
1.ª Edição - Copyright© 2023 do autor
Direitos de Edição Reservados à Editora Appris Ltda.

Nenhuma parte desta obra poderá ser utilizada indevidamente, sem estar de acordo com a Lei n° 9.610/98. Se incorreções forem encontradas, serão de exclusiva responsabilidade de seus organizadores. Foi realizado o Depósito Legal na Fundação Biblioteca Nacional, de acordo com as Leis n°s 10.994, de 14/12/2004, e 12.192, de 14/01/2010.

Catalogação na Fonte
Elaborado por: Josefina A. S. Guedes
Bibliotecária CRB 9/870

N441v 2023	Nepomuceno, Vagner Você prosperando : tirando o velho eu de circulação que me impede a prosperar! / Vagner Nepomuceno. – 1. ed. – Curitiba : Appris, 2023. 124 p. ; 21 cm. ISBN 978-65-250-4535-1 1. Sucesso. 2. Economia do bem-estar. 3. Técnicas de autoajuda. I. Título.
	CDD – 158.1

Editora e Livraria Appris Ltda.
Av. Manoel Ribas, 2265 – Mercês
Curitiba/PR – CEP: 80810-002
Tel. (41) 3156 - 4731
www.editoraappris.com.br

Printed in Brazil
Impresso no Brasil

VAGNER NEPOMUCENO

VOCÊ PROSPERANDO
TIRANDO O VELHO EU DE CIRCULAÇÃO QUE ME IMPEDE A PROSPERAR!

FICHA TÉCNICA

EDITORIAL	Augusto V. de A. Coelho
	Sara C. de Andrade Coelho
COMITÊ EDITORIAL	Marli Caetano
	Andréa Barbosa Gouveia - UFPR
	Edmeire C. Pereira - UFPR
	Iraneide da Silva - UFC
	Jacques de Lima Ferreira - UP
SUPERVISOR DA PRODUÇÃO	Renata Cristina Lopes Miccelli
ASSESSORIA EDITORIAL	Priscila Oliveira da Luz
REVISÃO	Andrea Bassoto Gatto
	Samuel do Prado Donato
PRODUÇÃO EDITORIAL	Bruna Holmen
DIAGRAMAÇÃO	Bruno Ferreira Nascimento
CAPA	João Vitor Oliveira dos Anjos

APRESENTAÇÃO

Você prosperando

Tirando o velho eu de circulação que me impede a prosperar!

PENSAMENTO E AÇÃO, DOIS ELEMENTOS INFALÍVEIS NA OBTENÇÃO DE QUALQUER OBJETIVO.

EVOLUA EM TODAS AS ÁREAS DE FORMA CONSCIENTE FAZENDO ESCOLHAS CONSCIENTES!

Vagner Nepomuceno

SUMÁRIO

INTRODUÇÃO
PROSPERIDADE 9

CAPÍTULO 1
AUTOCONHECIMENTO 11

CAPÍTULO 2
ENTENDENDO O CONCEITO 19

CAPÍTULO 3
O PODER DO SUBCONSCIENTE 29

CAPÍTULO 4
MERECIMENTO E DISCIPLINA 39

CAPÍTULO 5
A CIÊNCIA DE FICAR RICO 49

CAPÍTULO 6
AS LEIS UNIVERSAIS 57

CAPÍTULO 7
QUEM PENSA, ENRIQUECE 67

CAPÍTULO 8
CONHECENDO SEU CÉREBRO 83

CAPÍTULO 9
OS SEGREDOS DA MENTE MILIONÁRIA 95

CAPÍTULO 10
PRATICANDO O CONHECIMENTO 113

CONCLUSÃO 117

INTRODUÇÃO

Você prosperando: tirando o velho eu de circulação que me impede a prosperar! é uma obra motivacional e reúne conteúdo de desenvolvimento pessoal e financeiro voltado às pessoas que não estão satisfeitas com os resultados alcançados e não sabem como mudar. O livro conta com várias indicações de livros, métodos, rotinas disciplinares e maneiras de pensar que farão você refletir no que realmente quer.

O alcance do sucesso é inevitável se o leitor estabelecer isso como meta e fizer o que é necessário para obtê-lo, sem violar os direitos dos outros, afinal o universo transborda fartura e abundância.

Então saia da escassez e tome posse do que é seu para uma vida melhor.

PROSPERIDADE

A palavra prosperidade tem origem no latim "prosperitate/prosperare" e significa "obter aquilo que deseja". Por sua vez, o termo latino é formado pela junção dos elementos "***pro***", que quer dizer "a favor", e "***spes***", que significa "esperança".

Prosperidade é um estado ou qualidade do que é próspero, ou seja, bem-sucedido, feliz e afortunado. A prosperidade é desejada por quase todos os seres humanos que desejam atingir padrões de vida que lhe garantam a contínua sensação de contentamento e estabilidade emocional. O que a caracteriza é a condição de constante desenvolvimento e progresso de determinada situação; por exemplo: o aumento do salário, a promoção para um cargo profissional superior, a aprovação em um concurso público e tantas outras ações que são responsáveis por constituir o estado de prosperidade.

CAPÍTULO 1

AUTOCONHECIMENTO

Vamos partir do princípio de que a evolução e o desejo de mudança começam de dentro para fora e possivelmente da vontade de melhorar as coisas ao nosso redor, de sair de uma vida de necessidades, de uma vida em que você não tem tempo para a família, para melhorar financeiramente e para alavancar sua vida profissional ou amorosa, e gostaria de ver tudo isso fluindo normalmente. Porém nem todos estão preparados para uma mudança evolutiva, talvez porque as pessoas querem ou estejam habituadas a uma rotina, que as faz ficarem com os olhos vendados para as melhores coisas, e por não terem resultados melhores acham que a vida é apenas isso.

E o "PRINCÍPIO" que lhes trago, a transparência de maneira singela, é que todo seu mundo exterior vem do seu "eu" interior. Tudo que planejamos internamente em algum momento vai se tornar realidade. Falaremos mais profundamente durante a leitura, porém comece a já escolher seus pensamentos.

"VOCÊ SE TORNA O QUE PENSA".
(EARL NIGHTINGALE)

O autor Earl Nightingale há décadas já ensinava o método de se obter o que se deseja por meio da ferramenta mais importante do ser humano e pouco explorada: seus pensamentos. Mas não estou falando dos pensamentos comuns e rotineiros. Estou falando do desejo que desenvolvemos de determinadas coisas ao longo da vida.

Quando você diz que "Está na hora de ir trabalhar", "Precisamos ir ao mercado", "Temos a consulta ao médico quinta" etc., isso não é pensar, é reagir à vida.

O pensamento envolto ao desejo, a manifestação no sentimento de já se obter, mesmo ainda não tendo obtido, isso, sim, é pensar, é focar em algo com desejo, sensação e ação, até se materializar o que está apenas na mente.

Ou seja, é necessário pensar em coisas positivas nos projetos, planos e objetivos finais. Como você quer estar daqui a 5 ou 10 anos? Seus pensamentos te trouxeram até onde você está hoje, então se você está um pouco decepcionado, você pode mudar agora remodelando o que tem em mente. E se você está satisfeito(a) com a sua vida hoje, saiba que pode melhorar, tudo depende de como você usará seus pensamentos daqui para frente.

Um ponto que deve ser observado e que impede o crescimento chama-se "zona de conforto"

VOCÊ CRESCE QUANDO SAI DA ZONA DE CONFORTO

Quando a pessoa sai da zona de conforto, as mudanças começam a acontecer.

Muitas vezes você planeja metas para chegar no seu objetivo, porém, quando olha ao redor e se sente seguro, você acaba procrastinando (a procrastinação é o oposto da decisão).

O crescimento pessoal, o desenvolvimento humano, acontece sempre do interior do indivíduo para o exterior.

Por mais que seja importante a pessoa se sentir segura, ela só consegue crescer, desenvolver-se e evoluir quando sai da zona de conforto. Porém, se ela não reconhece que está na zona de conforto e não sai dela, ou se reconhece e ainda assim continua nela, os resultados serão sempre os mesmos.

Se quiser algo grandioso faça algo grandioso, esteja disposto a abrir mão de algumas coisas. Faça coisas diferentes, crie novos hábitos, faça sempre mais do que está acostumado a fazer.

"SEU NÍVEL DE SUCESSO RARAMENTE EXCEDERÁ SEU NÍVEL PESSOAL, POIS O SUCESSO É ALGO QUE VOCÊ ATRAI PELA PESSOA QUE VOCÊ SE TORNA".
(JIN ROHN)

RESUMINDO O QUE É SUCESSO

O autor e palestrante Jin Rohn afirma que seu nível de sucesso raramente excederá seu nível de desenvolvimento pessoal, pois o sucesso é algo que você atrai pela pessoa que você se torna.

E não estamos falando apenas de sucesso financeiro. Quando há um desenvolvimento pessoal, a pessoa consegue estar em um relacionamento ótimo, desenvolve bons relacionamentos familiar e profissional, e todas as áreas da sua vida entra em equilíbrio e harmonia, e todo resultado positivo de alguma coisa é conquistado com esforço e dedicação.

"O sucesso é a realização progressiva de um ideal valor"
(Earl Nightingale).

Você define o que quer e o que vai te fazer bem a partir dessa definição. Trace um plano bem elaborado até seu objetivo e não desista até que se torne real em sua vida.

O filósofo Bob Proctor, em muitos dos seus ensinamentos nas palestras, seminários e vídeos postado na internet, fala, em uma linguagem simples, porém com bastante profundidade, sobre paradigmas. Segundo ele, paradigmas e cibernética são amplos sistemas de programação popularmente conhecidos como hábitos, que são, por sua vez, atitudes e costumes que muitos de nós trazemos da infância, sem nos darmos conta, pois eles estão enraizados na nossa rotina. E como toda atitude gera um resultado, é importante analisar se seus resultados estão te levando aonde você quer.

A propósito, você já definiu o que quer?

Se cada atitude sua for proveniente de um hábito, isso gera um resultado, sempre dentro da Lei da Semeadura: o que você planta, você colhe. Se você tiver uma meta e criando uma rotina e desenvolvendo hábitos que levam você até ela, seja o que for, uma hora vai se materializar e vai tornar-se realidade.

– Falando de hábitos –

Muitas pessoas desenvolvem o hábito do fumo e isso acaba fazendo parte de sua rotina. Isso pode trazer um resultado, nem sempre benéfico, como um câncer nos pulmões, problemas respiratórios, dependência à nicotina etc.

Agora pensamos em hábitos que nos tragam benefícios... Por exemplo: devemos criar o hábito de ganhar mais dinheiro, pois sabemos que ter mais dinheiro nos proporciona mais liberdade, possibilita melhor condição à família, podemos ajudar pessoas etc.

Então é preciso desenvolver na mente um desejo voltado a esse propósito, e um dos caminhos é múltiplas fontes de renda, pois se sempre pensar em ter mais dinheiro, com certeza a pessoa se tornará rica, pois os resultados de seus hábitos é totalmente prazeroso... Assim como quem quer chegar a um peso e determinado corpo, o mecanismo para alcançar esse objetivo é desenvolver uma rotina de exercícios e dietas. É sempre bom lembrar que quando mudamos algo em nossos hábitos temos uma mudança no resultado final.

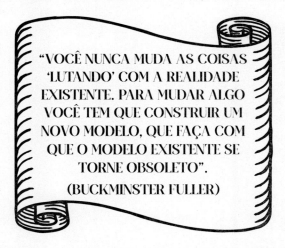

"VOCÊ NUNCA MUDA AS COISAS 'LUTANDO' COM A REALIDADE EXISTENTE. PARA MUDAR ALGO VOCÊ TEM QUE CONSTRUIR UM NOVO MODELO, QUE FAÇA COM QUE O MODELO EXISTENTE SE TORNE OBSOLETO".
(BUCKMINSTER FULLER)

Essa afirmação de Buckminster é tão verdadeira e profunda que nos leva a analisar como conseguiremos alcançar resultados diferentes fazendo as mesmas coisas. Segundo ele, para obter ou criar alguma coisa, ou até mesmo deixar de ter determinados pensamentos, você precisa desenvolver um novo modelo (outro comportamento) ou um novo hábito que torne o modelo atual obsoleto; ou seja, é a substituição daquilo que você não quer pelo que quer. É super importante saber o que quer e imprescindível saber o que não quer.

Tornar um hábito obsoleto é fundamental quando não traz benefícios e não agrega valor e, ainda pior, quando gera malefícios. Em muitos casos, para muitas pessoas, o fato de mudar qualquer coisa pode parecer difícil ou até mesmo impossível devido às crenças limitadoras, aos ditados populares, como "Pau que nasce torto nunca se endireita)", ou porque uma pessoa nasceu de tal forma, é daquele jeito que ela vai morrer etc., mas é tudo mentira... Podemos mudar a nós, qualquer coisa em nossa vida ou qualquer realidade existente ao nosso redor. Basta colocar em mente como quer que seja e trabalhar para que aconteça. Pode levar um tempo, pouco ou longo, vai depender do seu empenho em prol de determinada causa. Você terá que abrir mão de algumas coisas na vida, terá que pagar o preço, porém trata-se da Lei da Semeadura, do dar e receber, e nem todos estão dispostos a passar por esse processo. Mas quando você planta você colhe, independentemente do que seja, então comece a selecionar suas sementes, pois a lei do dar e receber está sempre funcionando.

"A definição de insanidade é fazer a mesma coisa repetidamente e esperar um resultado diferente".
(Albert Einstein)

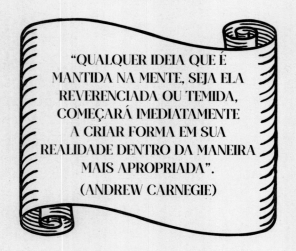

"QUALQUER IDEIA QUE É MANTIDA NA MENTE, SEJA ELA REVERENCIADA OU TEMIDA, COMEÇARÁ IMEDIATAMENTE A CRIAR FORMA EM SUA REALIDADE DENTRO DA MANEIRA MAIS APROPRIADA".
(ANDREW CARNEGIE)

Com essa afirmação, Andrew Carnegie confirma a Lei da Atração, que funciona o tempo todo em todo o tempo, tornando realidade e materializando o que está no seu subconsciente. Um bom exemplo é a afirmação de Jó, citado na Bíblia:

"Porque aquilo que temia me sobreveio, e o que receava me aconteceu" (Bíblia Sagrada, Jó 3:25)

Assim como vários autores, filósofos tomam essa afirmação como exemplo. E assim é expressada a Lei da Atração, sendo que o mundo é regrado por lei. As leis universais atuam o tempo todo e é necessário um estudo com mais profundidade para entender e andar em conformidade. Ignorando-as ou não, essas leias estão sempre atuando. Um exemplo é a Lei da Gravidade – tudo que há no planeta é atraído para o centro da Terra. Se uma pessoa pula de um prédio, ela é atraída ao chão, possivelmente morrerá, pois ignorando ou não as leis, elas sempre atuam.

Então, o que manter na sua vida? Uma mente intensa, visualizando mentalmente de forma rotineira, o que você desejar será atraído a você.

Até aqui já falamos sobre três leis que governam o mundo: a Lei da Semeadura (tudo o que planta você colhe.), a lei da Atração (tudo que manter em seu pensamento com visualização, sensação e ação, em um momento oportuno materializar-se-á) e a Lei da Gravidade (tudo é atraído para o centro da Terra).

CAPÍTULO 2

ENTENDENDO O CONCEITO

Mateus 7: 7 e 8

"Pedi e dar-se-vos-á, buscai e encontrareis, batei e abrir-se-vos-á. Porque aquele que pede, recebe, e o que busca, encontra, e ao que bate, a abrir-se-lhe-á".

Em seus ensinamentos no Sermão da Montanha, Jesus já orientava o povo a respeito de como alcançar suas metas, citava estratégias simples, porém muito objetivas: pedido, oração, busca, ação, insistência, força de vontade etc. Estamos falando de mais de 2 mil anos atrás, e esses ensinamentos, o conhecimento e a sabedoria estão ao alcance de todas as pessoas. Não os ignore, procure aprender, desenvolver-se, ser uma pessoa melhor todos os dias e em todas as oportunidades que tiver.

Você melhora com cursos específicos, estudando sobre assuntos, metas e pessoas que chegaram onde você deseja estar. O conhecimento é obtido por meio de livros de desenvolvimento pessoal, palestras motivacionais, seminários e vídeos na internet. E quando você começar a ter êxito, não caia no conformismo ao já melhorar um pouco. Firme seu pensamento no objetivo até alcançá-lo. E não tenha medo de fracassar. O fracasso nos faz aprender e evoluir, analisando os pontos que não deram certo para que não se repitam. Quanto menos errada a vida, as tentativas anteriores te levam a ficar mais perto do sucesso.

Deus já preparou todas as coisas que precisamos neste mundo. Coloque-se na posição de merecedor e tome posse das bênçãos. Ele te deu uma mente maravilhosa e incrível, então faça bom uso dela, pense de forma criativa, plante coisas boas e positivas, entenda as leis universais, ajude o próximo, conecte-se com o Criador, ame sua família. Tudo isso é possível quando você põe sua mente absolutamente no que você deseja.

No livro de provérbios 23:7, a Bíblia diz: "Assim como você imaginou na sua alma, assim é".

O imperador Romano Marcus Aurelious disse: "A vida de um homem é o que os seus pensamentos fazem dela". Sidarta Gautama(Buda) dizia ser esta a regra de ouro: "Tudo o que somos é resultado do que pensamos". Todos os grandes homens que fizeram histórias com os seus feitos e ensinamentos sabiam o segredo para obter o que realmente almejavam. E o que eles tinham em mente? Pensamentos materializam coisas.

Permita-se fantasiar em sua mente o que realmente quer. Imagine-se com o peso e o corpo ideal. Imagine sua conta bancária com os dígitos que gostaria. Imagine-se dirigindo o carro que você almeja. Imagine-se morando na casa que vai te fazer feliz. Deixe seu pensamento, por meio das sensações e com a sua criatividade, levá-lo ao resultado esperado.

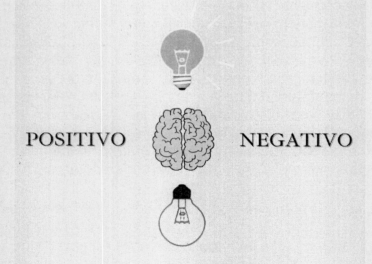

Se sua mente diz que você pode, ela está certa... Porém se diz que você não pode, também está certa. Todos os seus projetos e sonhos estão condicionados na alimentação da sua mente, então destrave-a e deixe sua criatividade fluir, permita-se ousar novas ideias; por exemplo: quer melhorar seus rendimentos? Hoje com as redes sociais, aplicativos, e outras ferramentas na internet, podemos desenvolver inúmeras atividades com a comunicação instantânea, vendendo ou ensinando alguma coisa, sendo hilário etc. Nos dias atuais é muito fácil ter bons resultados financeiros com essas práticas. A tecnologia facilita a vida de muitas pessoas e em vários aspectos, e a tendência é crescer e melhorar cada vez mais. E com essa troca de experiência, além dos resultados financeiros, você ajuda uma pessoa, contribuindo indiretamente com a vida de alguém e agregando valor de alguma forma.

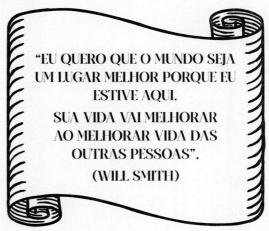

"EU QUERO QUE O MUNDO SEJA UM LUGAR MELHOR PORQUE EU ESTIVE AQUI.

SUA VIDA VAI MELHORAR AO MELHORAR VIDA DAS OUTRAS PESSOAS".

(WILL SMITH)

Trace um plano em sua vida, faça uma análise de onde quer chegar e, principalmente, de onde está atualmente. As pessoas se frustram e não alcançam o que querem porque não sabem o que é. Se você não define seu futuro, alguém vai defini-lo para você e pode ser de maneira que você não goste.

Seja você o protagonista da sua vida. Reescreva sua história com todos os detalhes possíveis e comece a caminhar para o seu objetivo hoje mesmo. Escolha uma data e viabilize todas as ferramentas que te levarão até o seu sonho. Evite perda de tempo com coisas que não te levam a lugar algum, como assistir programas de TV improdutivos, estar com pessoas fracassadas que não querem evoluir, falar o tempo todo de futebol, criticar o governo etc.

A maior parte do seu tempo tem que ser voltada para realizar o seu objetivo, sem abrir mão, é claro, da sua família, da sua saúde e do seu lazer e diversão. As pessoas não alcançam o que querem simplesmente por não saberem o que é. Tome a direção da sua vida e do seu futuro hoje mesmo, evite uma vida sem sentido e infeliz. Wayne W. Dyer disse certa vez: "Não somos seres humanos vivendo uma vida espiritual. Somos seres espirituais vivendo experiências humanas".

EXPERIÊNCIAS PESSOAIS

Não quero só relatar as experiências de outras pessoas que experimentaram o sucesso e alcançaram seus objetivos. Também quero falar das minhas experiências, o que funcionou quando resolvi mudar meus pensamentos, pois a reprogramação mental é imprescindível na mudança de hábitos.

Um dos livros que li e me aprofundei foi: *Os segredos da mente milionária* (T. Harv Eker) (falaremos sobre esse livro adiante.). Um dos pontos mais importantes que me inspirou e fez todo sentido é que o autor explica que todas as pessoas têm termostato financeiro, um valor que nossa mente se adapta a ter para custear nosso estilo de vida, Um valor que quando a pessoa se acostuma com ele dificilmente muda durante o mês, pois seu termostato financeiro está programado naquele valor.

Eu, por exemplo, recebia um certo valor mensal e estava adaptado a ele. Porém, em alguns meses eu recebia um pouco mais e, inconscientemente, logo arrumava um jeito de gastar o que tinha recebido de extra, pois meu termostato financeiro estava adaptado ao valor do salário. Depois de ler esse livro entendi que se eu quisesse ter mais dinheiro em minha conta bancária, eu deveria aumentar meu termostato financeiro ao invés de continuar acostumado ao valor que eu recebia. Comecei a pensar que só ficaria satisfeito quando alcançasse três vezes esse valor; determinei isso na minha vida, e pensava e agradecia pelo valor que eu teria disponível a mais na minha conta, e que só iria usá-lo para reinvestir ou montar um novo negócio. E cada vez mais meu termostato financeiro foi crescendo. (em um ano e meio consegui multiplicar meu capital em 10 vezes por meio de investimentos. Isso foi muito significativo para mim, pois percebi o que realmente havia mudado em mim. E isso é possível a você também).

Então, seguem os passos:

N.º 1: reconheça a sua situação atual.

N.º 2: ajuste seu termostato financeiro no valor que quer ter em sua conta.

N.º 3: desenvolva os métodos de ganhar dinheiro mais adequados ao seu perfil.

Assim, você vivenciará essa maravilhosa mágica, que se tornará realidade em sua vida, assim como se tornou na minha.

Outro exemplo de usar o poder da mente para atrair as coisas na minha vida foi algo bem singelo, uma experiência que resolvi plantar em minha mente e que em 98% das vezes dá certo. Sempre que eu me deslocava ao trabalho, passando pela Rodoviária Novo Rio (Centro do Rio de Janeiro), eu me deparava com sinal de trânsito fechado (luz vermelha), não me importava com a hora ou com o dia da semana.

Após ler o livro *O segredo* (Rhonda Byrne), decidi que da mesma forma e com a mesma força e energia que as pessoas citadas na obra atraíam as coisas que queriam, eu faria exatamente igual. Então comecei a me ver passando naquele sinal sempre aberto, com a luz verde à minha disposição. Antes de chegar nele eu já sentia a felicidade porque o que eu havia programado funcionaria, e de 10 vezes que eu passei por lá, só uma ou duas estava fechado. Isso é um exemplo de um resultado incrível usando a Lei da Atração.

Então:

N.º 1: decida o que você quer e o que precisa.

N.º 2: visualize o objetivo e sinta como já tivesse alcançado.

N.º 3: comemore a realização com toda energia e força mental.

Existem pessoas que alcançam pequenos ou grandes desejos sem nem mesmo saber como aconteceu. Outras pessoas dizem que elas têm sorte, mas isso não é verdade. O que aconteceu é que a pessoa desenvolveu, ainda que sem saber, a vontade incondicional de se obter alguma coisa ou o sucesso em alguma área, buscou meios e ferramentas para isso, e visualizou e sentiu-se vitoriosa, ao ponto de seu subconsciente já entender como realidade existente.

Explicando a página 4

O conceito de autoimagem foi desenvolvida pelo Dr. Maxwell Maltz. Em 1960, o cirurgião plástico chamado Maxwell Maltz desenvolveu o conceito de autoimagem. Ele revelou em seu livro *Psicocibernética* que, muitas vezes, ao fazer uma cirurgia reparadora no rosto ou em alguma parte do corpo das pessoas, após algum tempo, algumas delas mudavam totalmente seu comportamento e suas atitudes, e outras continuavam do mesmo jeito, mesmo quando havia resultados na aparência.

O Dr. Maxwell Maltz chegou à conclusão de que se tratava de um conceito interno. Não bastava a cirurgia. As pessoas que passavam a viver de forma mais positiva tinham criado uma boa autoimagem de si próprias mudando paradigmas e crenças, reconfigurando um novo modelo de vida.

Porém ele chegou a essa conclusão após estudar Psicologia e formar-se psicólogo. Após todos os estudos e todas as análises das informações, chegou à conclusão de que o que se deseja mudar no mundo exterior tem que ser mudado primeiro internamente. Assim, ele contribuiu na área do desenvolvimento pessoal, ajudando a agregar conhecimento específico às pessoas que queriam mudanças positivas em suas vidas.

E após revelar esse conceito de boa autoimagem em seu livro, ele ajudou e continua ajudando centenas de pessoas e entender a si mesmas, eliminando crenças limitantes e hábitos da infância, instituídos ainda na formação da pessoa, e a repetição de certo comportamento devido ao meio em que vive. Quando desenvolvemos autoconfiança, mandamos mensagem para o subconsciente de que somos capazes e podemos realizar qualquer coisa. E quando isso é fixado no subconsciente, a pessoa começa a mudar o externo, pois a mudança já se iniciou internamente, e qualquer um pode remodelar seu estilo de vida, desde que tenha suas faculdades mentais funcionando perfeitamente.

Segundo o doutor Maxwell Maltz, pesquisas neurológicas mostram que a memória em longo prazo precisa de um período de repetições diárias para estabelecer e incorporar uma nova mentalidade. O ideal são 21 dias para aprender ou mudar um novo hábito.

O livro *Psicocibernética* é considerado o primeiro livro de autoajuda do mundo. Ele foi escrito na década de 60 e desde então se tornou um clássico, lido em vários países.

E aí? O que está esperando para começar?

São 21 dias para agregar um novo conceito em sua vida, de mudança ou obtendo algo novo que você deseja.

Desenvolva mindset para ter grandes realizações, sucesso, conquistas e uma vida abundante neste mundo.

CAPÍTULO 3

O PODER DO SUBCONSCIENTE

[Joseph Murphy]

(RESUMO EXPLICATIVO)

O Dr. Joseph Murphy foi um dos mais famosos escritores do movimento do novo pensamento. Ele é autor de mais de 30 livros de autoajuda, vários deles best-sellers no mundo inteiro. Em um de seus livros, *O poder do subconsciente*, ele trata de como entender sua mente consciente e a subconsciente, pois uma pequena parte de tudo está no consciente (com o qual reagimos de forma imediata) e em torno de 90% está no subconsciente. O entendimento desses dois campos da mente faz com que a pessoa aprenda a dominar suas atitudes, entendam o comportamento das pessoas e compreendam a atividade de pensar e reagir.

No consciente temos:

- Raciocínio.
- Julgamento e critica.
- Planejamento.
- Análises.
- Tomada de decisões.
- Memória em curto prazo.

No subconsciente temos:

- Funções vitais.
- Criatividade.
- Hábitos/Crenças.
- Emoções e sentimentos.
- Conexão espiritual.
- Intuição/Sabedoria.
- Padrões comportamentais.
- Memória em longo prazo.

O poder do subconsciente, resumido aqui em um único capítulo, levá-lo-á a um interesse maior a ler e estudar o assunto, pois aqui serão falados apenas alguns pontos.

Vamos lá...

A casa do tesouro está dentro de você. Olhe para si em busca das respostas que seu coração procura. Seu subconsciente tem a resposta para todos os seus problemas. O grande segredo de homens em todas as épocas foi a capacidade de entrar em contato com seu subconsciente e liberar seus poderes. E você pode fazer o mesmo. Se você afirmar ao seu subconsciente que deseja acordar às 6h, ele lhe acordará na hora exata. Seu subconsciente é construtor do seu corpo e pode curá-lo. Adormeça todas as noites com a ideia de saúde perfeita e seu subconsciente irá obedecê-lo.

Você é como um capitão no comando do navio, que deve dar as ordens certas ao subconsciente. Pensamentos e imagens controlam e governam todas as suas experiências. Nunca diga: "Não posso ter ou não posso fazer". Sua mente subconsciente toma as suas palavras ao pé da letra e cuidará para que não tenha dinheiro ou habilidade para realizar o que deseja.

A lei da vida é a lei da fé, e a fé é um pensamento em sua mente. Não creia em coisas que prejudiquem ou molestem, creia no poder do subconsciente para curá-lo, inspirá-lo, fortalecê-lo e fazer com que prospere. Na Bíblia, em Hebreus 11, assim é dito: "Ora. A fé é o firme fundamento das coisas que se esperam e a prova das coisas que não se veem ponto porque por ela os antigos alcançaram testemunhos.

Pela fé entendemos que os mundos pela palavra de Deus foram criados, de maneira que aquilo que se vê não foi feito do que é aparente. Com o intuito de trazer clareza, esta obra não está ligada à religião. Acredito em Deus como criador, que preparou todas as coisas no mundo para nós e nos presenteou com uma mente incrível, com a qual podemos criar, desenvolver e evoluir o que desejamos.

Gênesis 1: 26,27

E disse Deus: Façamos o homem à nossa imagem, conforme a nossa semelhança; e domine sobre os peixes do mar, e sobre as aves dos céus, e sobre o gado, e sobre toda a terra, e sobre todo o réptil que se move sobre a terra. E criou Deus o homem à sua imagem; à imagem de Deus o criou; homem e mulher os criou".

Pense no bem e o bem se seguirá. Pense no mal e o mal se seguirá. Você é o que pensa no decorrer do seu dia, então mude seus pensamentos e mudará o seu destino.

O seu subconsciente não discute com você. Ele aceita o que a mente consciente determina. Você tem o poder de escolher, assim, escolha saúde e felicidade. Você pode escolher a cordialidade ou preferir ser antipático. Escolha ser prestativo, cordial, alegre e simpático, que todo mundo lhe responderá, essa é a melhor maneira de desenvolver uma personalidade admirável.

Pontos a destacar

- Encarregue seu subconsciente da tarefa de encontrar uma resposta para qualquer problema antes de dormir e a resposta será encontrada.
- Saiba que você pode reconstruir-se dando ao seu subconsciente novas impressões.
- Você constrói um novo corpo em 11 meses. Mude seu corpo mudando seus pensamentos e mantendo as mudanças.
- O estado normal é a saúde. A doença é uma anormalidade. Existe um princípio inato de harmonia.
- Pensamento de ciúmes, medo, preocupação e ansiedade arrebentam e destroem seus nervos e glândulas, trazendo doenças mentais e físicas de toda espécie.
- O que você afirma conscientemente e sente como verdade manifestar-se-á em sua mente, corpo e vida. Afirme o bem e passe a gozar a alegria de viver.

O subconsciente e a felicidade

William James, o pai da Psicologia americana, disse que a maior descoberta era a força do seu subconsciente sustentada pela fé. Em cada ser humano existe esse reservatório ilimitado de força capaz de superar qualquer problema do mundo. A felicidade verdadeira é duradoura e chegará a sua vida no dia em que conseguir compreender claramente que pode superar qualquer fraqueza, isto é, no dia em que você compreender que o seu subconsciente pode resolver todos os seus problemas, curar seu corpo e fazer com que prospere além do que imagina em seus sonhos mais otimistas.

Você deve escolher a felicidade

A felicidade é um estado de espírito. Há uma frase na Bíblia que diz: "Escolha neste dia a quem vai servir". Você tem a liberdade de escolher a felicidade. Isso pode parecer extraordinariamente simples e, na verdade, talvez seja por isso que tanta gente tropeça no caminho para a felicidade, por não ver a simplicidade nele. As grandes coisas da vida são simples, dinâmicas e criadoras, produzem bem-estar e felicidade. Paulo, o apóstolo, revela como você pode encontrar o caminho para uma vida de poder dinâmico e felicidade nas seguintes palavras:

> *"Finalmente, irmãos, tudo que é a vida dele, tudo que é respeitável, tudo que é justo, tudo o que é puro, tudo o que é amável, tudo o que é de boa fama, se alguma virtude a e se algum louvor existe, seja isso o que ocupe o vosso pensamento" (Filipenses 4: 8)*

Como escolher a felicidade

Comece agora a escolher a felicidade. Você deve fazer o seguinte: pela manhã, ao despertar, diga para si mesmo: "A divina ordem toma conta da minha vida hoje e todos os dias. Hoje, todas as coisas funcionam para o meu bem. Este é um novo e maravilhoso dia para mim, nunca haverá outro dia como este. Sou guiado de forma divina e tudo o que eu fizer vai prosperar. O amor divino me cerca, absorve-me e eu caminho em paz. Sempre que a minha atenção se desviar do que é bom e construtivo, imediatamente eu atarei de volta para a contemplação do que é admirável e de boa fama. Sou um imã mental e espiritual que atrai todas as coisas que me abençoam e me fazem prosperar. Hoje, eu vou alcançar um sucesso maravilhoso em todas as minhas tarefas, serei realmente feliz durante o dia inteiro".

Comece todos os seus dias dessa maneira e, assim, estará escolhendo a felicidade e será sempre uma pessoa que irradia alegria.

Você deve desejar ser feliz

Há um ponto muito importante a respeito da felicidade. Você deve desejar sinceramente ser feliz. As pessoas que estiveram deprimidas, desalentadas e infelizes por muito tempo, ao se tornarem subitamente felizes por alguma notícia maravilhosa, boa e alegre, fazem como aquela mulher que disse certa vez: "É um erro ser tão feliz assim". Elas estão acostumadas aos velhos padrões mentais que não se sentem à vontade sendo felizes, e anseiam pelo estado anterior de depressão e da infelicidade.

Conheci uma mulher na Inglaterra que sofria de reumatismo há muitos anos. Ela costumava dar uma pancadinha no joelho e dizer: "Meu reumatismo está pior hoje, não vou poder sair. Como o reumatismo me desgraça a vida". Dessa forma, essa querida anciã conseguiu render a atenção de seu filho, de sua filha e dos vizinhos. Ela queria ter reumatismo, apreciava sua "desgraça", como costumava dizer. Na verdade, ela não queria ser feliz.

Sugeri-lhe um método de cura, escrevi alguns versos bíblicos e pedi-lhe que dedicasse sua atenção às verdades ali contidas, pois, assim, sua atitude mental mudaria e resultaria em fé e confiança, fazendo com que voltasse a gozar de boa saúde. Ela não se interessou. Parece haver um traço mental peculiar e mórbido em muitas pessoas, que fazem com que sintam prazer em serem desgraçado de tristes.

Como o seu subconsciente remove os obstáculos mentais

A solução está dentro do problema e a resposta está em cada pergunta. Se ao enfrentar uma situação difícil você não ver o caminho claramente, o melhor a fazer é presumir que a inteligência infinita que há dentro do seu subconsciente tudo conhece e tudo vê, possui resposta e vai lhe revelar, naquele instante, a sua nova atitude mental, e a inteligência criadora trazer-lhe-á uma solução feliz para o problema, permitindo-lhe encontrar a resposta. Esteja certo de que tal atitude vai trazer-lhe ordem, paz e significado para todos os seus empreendimentos.

Como acabar com um mau hábito

O Sr. Jones disse-me certa vez: "Um impulso incontrolável de beber me domina e eu bebo durante uma ou duas semanas. Não consigo vencer esse terrível hábito".

Vezes sem conta, essa experiência ocorreu com esse homem feliz. Ele criara o hábito de beber em excesso. Ele havia começado a beber por sua própria iniciativa, mas começou a compreender que podia mudar esse hábito e criar um novo costume.

Ele contou-me que, embora conseguisse suprimir temporariamente seus desejos com sua força de vontade, os esforços contínuos para reprimir seus impulsos de beber só tornavam as coisas piores. Os repetidos fracassos convenceram-no de que não tinha força nem esperança de controlar o seu impulso ou obsessão. O problema é que essa ideia de não ter forças operava como uma poderosa sugestão ao seu subconsciente e agravava sua fraqueza, tornando sua vida uma sucessão de fracassos.

Ensinei-lhe a harmonizar as funções das mentes consciente e subconsciente, pois quando as duas cooperam, a ideia ou o desejo implantado no subconsciente se realiza. Sua mente racional concordou que se o seu velho hábito fizer impressões que o punham em dificuldades, podia conscientemente criar uma nova impressão que eu conduzisse para a liberdade, a abstenção e a paz de espírito.

Ele sabia que seu hábito destrutivo era automático, mas como o adquirira através de escolhas conscientes, compreendeu que, da mesma maneira como fora condicionado negativamente, também podia ser condicionado positivamente. Em consequência, deixou de pensar que não tinha forças para vencer o hábito e compreendeu que não havia outro obstáculo para sua cura que não seu próprio pensamento. Portanto não havia necessidade de esforço excessivo ou coerção mental.

Persevere

Quando o medo bater na porta de sua mente ou quando a preocupação, a ansiedade e a dúvida atravessarem sua mente, concentre-se em seu objetivo, pense no poder infinito que há no seu subconsciente e que você pode pôr em ação o que quiser com seu pensamento e sua imaginação. Isso lhe dará confiança, força e coragem. Persevere até que raie o dia e as sombras se dissipem.

Revisão do poder do pensamento

1. A solução sempre está dentro do problema. A resposta está em cada questão e a infinita inteligência responde-lhe na mesma medida em que chamar com fé e confiança.

2. O hábito e a função do seu subconsciente – Não há provas maiores do poder maravilhoso do seu subconsciente do que a força e o domínio que os hábitos exercem em sua vida. Você é uma criatura de hábitos.

3. Você forma padrões de hábitos em seu subconsciente ao repetir inúmeras vezes um pensamento ou uma ação, até fixá-lo em seu subconsciente e torná-lo automático. É assim que se aprende a andar, a dançar, a nadar, a dirigir etc.

4. Você tem a liberdade de escolher. Pode escolher um bom hábito ou um mau hábito. A oração é um bom hábito.

5. Qualquer imagem mental, sustentada pela fé, que você mantiver em seu subconsciente, tornar-se-á realidade por meio do seu subconsciente

6. O único obstáculo ao seu sucesso e à realização de algo é seu próprio pensamento ou imagem mental.

Sua mente consciente é a máquina fotográfica e sua mente subconsciente é a chapa sensível em que se imprime ou se registra a imagem. O único azar que persegue qualquer pessoa é um pensamento de medo repetido interminavelmente na mente. Acabe com o azar, tenha certeza de que levará a bom termo, em divina ordem, tudo aquilo que iniciar. Imagine um final feliz e mantenha o pensamento com confiança.

CAPÍTULO 4

MERECIMENTO E DISCIPLINA

Quando você aumenta seu nível de merecimento é quando tudo começa a acontecer. Uma vez em que você entende que merece o melhor do mundo, o melhor das pessoas, viver em um lugar melhor, comer do bom e do melhor, vestir roupas mais bonitas e melhores, e entende que pode alcançar tudo isso por meio dos seus pensamentos, é quando tudo acontece. Talvez você diga que tudo que você tem já está bom. Então eu afirmo: você vai gostar muito mais quando melhorar tudo ao seu redor.

Porém para mudar o seu nível de merecimento é necessário fazer uma reprogramação mental disciplinar diariamente e manter em sua mente a ideia de que seus objetivos estão se realizando, não se esquecendo do que quer e pondo o tempo determinado para acontecer.

A disciplina é adquirida com treinos e repetições, e ela não é nada mais do que dar uma ordem a si próprio e executá-la. E você pode pensar: mas isso é fácil! Então por que tantas pessoas têm dificuldades para alcançar o que querem? Talvez seja o nível de disciplina delas. Disciplinar-se gera um certo esforço e negar muitas coisas que se está acostumado a fazer, principalmente coisas que não agregam os valores que impulsionam onde você quer chegar.

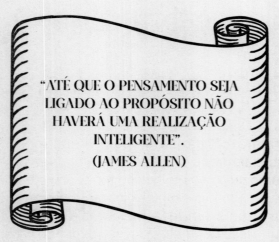

"ATÉ QUE O PENSAMENTO SEJA LIGADO AO PROPÓSITO NÃO HAVERÁ UMA REALIZAÇÃO INTELIGENTE".
(JAMES ALLEN)

Disciplina é deixar de fazer o que você quer pelo que é importante fazer. É deixar de fazer o que você mais quer no momento por aquilo que será valioso em médio e longo prazo. Você começa a autodisciplinar-se quando programa um hábito novo ou executa uma atividade e a cumpre. E o contrário da disciplina é o seguinte: por exemplo, "Vou caminhar duas vezes por semana" e você não vai. E novamente: "Vou começar uma dieta na segunda-feira" e não faz. Com isso, você está apenas mandando uma mensagem ao seu subconsciente de que você é um indisciplinado que não faz nada que combina. Portanto entenda que seu subconsciente aceitará o seu novo modelo de hábito desde que haja repetição e treino constante.

A procrastinação, que é o oposto da decisão, está impregnada na vida de muitas pessoas sem elas nem mesmo saberem, pois se tornou um hábito que está alojado no subconsciente, e esse condicionamento mantém as pessoas na zona de conforto, presas e limitadas nas rotinas habituais.

Existe uma história...

Por que o sapo não pula

De acordo com um mito popular (cabe aos biólogos verificar a verdade), se você colocar um sapo numa panela de água fervendo, ele pula para fora na hora e salva a própria vida. Mas se você colocá-lo numa panela de água fria e for esquentando a água aos poucos, ele não percebe a mudança de temperatura e morre cozido. Mas por que será que o sapo não pula quando a água esquenta? Vamos tentar analisar imaginando como poderia estar pensando o nosso sapo enquanto sente a água esquentando...

28° — Hum... Que água gostosa...

32° — É... A água está boazinha...

36° — A água está ficando sem graça. Será que está esquentando? Bobagem! Por

que a água iria esquentar? Deve ser impressão minha.

38° — Estou ficando com calor... Que droga de água! Ela nunca foi quente. Por que está esquentando?

39° — Essa água é uma porcaria! Melhor nadar um pouco em círculo até a água esfriar de novo.

40° — Esta água é muito quente. Hum... Que ruim! Vou voltar lá para aquele lado que estava mais fresco. Ou será melhor esperar um pouco?

42° — Realmente, esta água está péssima, quente de verdade. Tenho que falar com o supervisor das águas. Claro, eu podia pular fora, mas onde será que vou cair? Melhor esperar só mais um pouquinho...

43° — Meu Deus! Será que eu tenho que fazer tudo por aqui? Já reclamei e ninguém toma uma atitude.

44° — Mas esse supervisor de águas não faz nada? Será que ninguém notou que a água está super quente? Vou esperar mais um pouco...

45° — Se ninguém fizer nada eu vou fazer um escândalo...

AIII QUE CALOR!!!

50° – "SAPO MORTO".

Esse provável raciocínio do sapo pode ilustrar bem um processo de mudança e como normalmente as pessoas reagem no mundo de hoje, em que as mudanças de "temperaturas" são tão corriqueiras. Quem pensa como o sapo perde as oportunidades de mudar e crescer. Se você tem, por exemplo, dificuldades de relacionamento, seja no casamento, seja com colegas ou com sua chefia, que tal parar de reclamar e tentar mudar o outro? Salte para uma atitude mais sadia. Reveja suas próprias atitudes e mude "você"!

Em que temperatura está sua água? Qual vai ser o primeiro salto que você dará? Salto longo ou curto?

Uma pequena mudança de atitude pode transformar situações desgastantes e abre portas para outras mudanças internas maiores, mas... não faça como o sapo, que ficou dando voltas dentro da panela! (estamos falando da sua vida. Pense nisso).

Jamais se acomode a uma situação difícil, achando ou mantendo em sua mente que uma hora ou outra as coisas mudarão sem a sua intervenção, como em um passe de mágica.

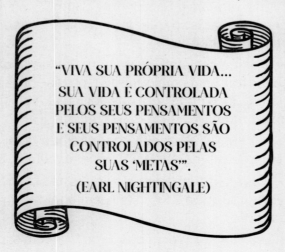

"VIVA SUA PRÓPRIA VIDA... SUA VIDA É CONTROLADA PELOS SEUS PENSAMENTOS E SEUS PENSAMENTOS SÃO CONTROLADOS PELAS SUAS 'METAS'".
(EARL NIGHTINGALE)

Agora que entendemos essa parte de disciplina, decisões, procrastinação... Faça uma autoanálise sobre sua vida, seus pensamentos, seus comportamentos e suas atitudes. Conheça o seu interior. Entenda como você pensa, como são criados os pensamentos, e a partir daí vai entender por que algumas pessoas vencem e outras lutam a vida toda e não conseguem absolutamente nada.

Responda às questões de 1 a 10 e comece a entender por que alguns perdem e outros estão sempre na frente.

1. Quantos livros de autoajuda, desenvolvimento pessoal ou financeiro você leu nos últimos meses?

2. Sob pressão, tendo que tomar uma decisão importante, você a procrastina com medo de errar e deixa alguém decidir por você ou decide o fato mesmo com o risco do erro?

3. Até que ponto está disposto a seguir além do psicológico abalado, além da dor física, do cansaço e do esgotamento?

4. Você é uma pessoa que visualiza sua vida daqui a cinco ou dez anos?

5. Você cuida das suas finanças ou está sempre precisando pedir dinheiro emprestado?

6. Você consegue manter o foco na disciplina e seguir o combinado que fez com você mesmo?

7. Talvez você não esteja muito satisfeito com o seu resultado atual... Se pudesse voltar cinco anos de sua vida, o que diria a você?

8. O que você diria 5 anos atrás a você mesmo está com você agora. Pegue essa semente e plante em seu subconsciente, e em cinco anos ou menos, com certeza você colherá os frutos... Você quer isso?

9. O que você tem feito na prática para alcançar seus objetivos?

10. Qual o seu propósito (objetivo) de vida?

Todas essas questões são para estimular o despertar uma atitude mental positiva e uma vida melhor.

A pergunta número 1: é para você fazer uma autoanálise, se você realmente está buscando conhecimento que te agrega valor.

A pergunta número 2: faz você refletir sobre a condição de estar sobre pressão e, ainda assim, ser forte para tomar decisões.

A pergunta número 3: o ponto que deve estar disposto a seguir até alcançar seu objetivo, pois não há dor que dure para sempre.

Pergunta número 4: quando você visualiza sua vida em uma questão de médio e longo prazo fica mais fácil ter clareza e alcançar suas metas.

Pergunta número 5: as finanças deveriam ser tratadas já na escola, pois a chave para sempre ter dinheiro é gastar menos do que se recebe e fazer bons investimentos.

Pergunta número 6: manter o foco e ter disciplina se consegue com a prática. Uma pessoa disciplinada tem o poder de conseguir o que quiser.

Pergunta número 7: se você pudesse voltar cinco anos para impactar a si próprio no passado, com certeza você diria números de loterias etc. Mas quero te dizer o melhor a fazer é se aprofundar nos estudos de desenvolvimento pessoal e financeiro, pois isso fica com você para sempre e por toda vida.

Pergunta número 8: comece agora aumentando o seu nível de conhecimento nessas áreas, pois como já foi destaque: seu nível de sucesso jamais vai acelerar o seu nível de desenvolvimento pessoal, pois o sucesso vem pela pessoa que você se torna.

Pergunta número 9: se até agora você não tem feito nada para alcançar o que quer é porque você ainda não colocou isso como prioridade.

Pergunta número 10: Quanto mais cedo você descobre seu propósito na vida, mais rápido você o alcança. Do contrário, se você não sabe o que quer, você vai vivendo a vida das outras pessoas, qualquer coisa está bom para você. Seu nível de envelhecimento fica baixo. Se você quer voar alto, junte-se às águias e pare de andar com galinhas.

"EU NÃO SOU O QUE ACONTECEU COMIGO... EU SOU O QUE ESCOLHI ME TORNAR".
(CARL JUNG)

Aprenda a tomar decisões corretas, sempre com base no seu objetivo. Uma decisão tem o poder de transformar uma vida inteira. Acreditar é o combustível para tirar você do chão. Assim como na analogia do avião, que só pode decolar com 100% das turbinas em pleno funcionamento, você deve estar 100% comprometido com o seu propósito, pois essa motivação, transformada em impulso, fará você decolar.

A busca na excelência em desenvolver alguma coisa ou para criar um produto é uma qualidade de poucos, que se destacam da grande massa simplesmente por não pensar igual a todos. É saber exatamente o que quer para sua vida. O fato gerador de resultados é você ser proativo na tomada de decisões, que impulsionam a uma vida melhor em todas as áreas.

As pessoas ricas tomam decisões o tempo todo e são proativas, pois desenvolveram hábitos diferentes das pessoas de mentalidade pobre. Elas estão sempre se atualizando, buscando novidades em sua área profissional e em seu desenvolvimento pessoal e financeiro, procurando entender cada vez mais sua mente e seu corpo, por meio de livros relacionados a cada área específica.

A fórmula para atrair o que você quer é plantada da mesma maneira que você atrai o que não quer; por exemplo: se você reclama o tempo todo, das pessoas, dos políticos, dos altos preços e de como tudo é difícil, você emite vibrações e pensamentos pesados e negativos, e o universo te devolve tudo o que você semeia. E você estará sempre de mau humor e reclamando da vida.

O universo, a vida, são como a terra férteis. Tudo o que planta você certamente colhe. Assim como está escrito na Bíblia sobre a lei da semeadura.

A partir dessa informação, passe a monitorar seus pensamentos e controle o que sai da sua boca. Plante o pensamento de uma vida mais abundante e verá como as coisas ao seu redor já começam a tomar formas positivas, pois você controla a sua vida e as suas decisões. Seja sempre grato pelo que já tem, mas não satisfeito em relação a tudo que precisa. Queira mais saúde, mais fartura, paz, comunhão familiar, alegria, riqueza etc.

Você sabia que está lidando com uma fonte infinita de suprimentos? Não há limites para o que você é capaz de fazer. Você pode ter tudo o que quiser, e é o que fazemos com isso que faz a diferença. Entendendo as leis você vai entender que é distribuidor desse poder. Falaremos sobre as leis universais no capítulo 6. Elas regem o universo, a vida, a natureza, e quem vive em desacordo com elas sempre terá problemas.

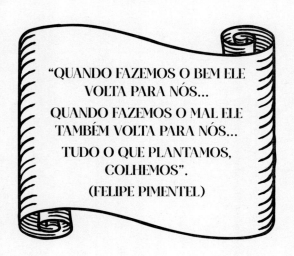

CAPÍTULO 5

A CIÊNCIA DE FICAR RICO

[Wallace D. Wattles]

Resumo explicativo

Wallace Delois Wattles foi um escritor americano, autor do livro *Novo pensamento*. Pessoalmente, ele permanece um pouco desconhecido, mais sua obra tem sido muito citada e está sempre em circulação nos movimentos de novos pensamentos e de autoajuda.

O livro foi publicado pela primeira vez em 1910 e posteriormente ganhou renovado endereço quando a produtora disse que ele lhe serviu de inspiração para o seu filme e subsequente livro, *O segredo*, de 2006.

Vamos ao seu conteúdo...

Este livro é pragmático, não filosófico, um manual prático, não um tratado sobre teorias. É destinado a homens e mulheres cuja necessidade mais premente é dinheiro e que desejam enriquecer primeiro e filosofar depois. Ponto. É para aqueles que até o momento não encontraram tempo nem oportunidades para aprofundar o estudo da metafísica, mas que querem resultados e estão dispostos a tirar conclusões da ciência como base em ação, sem entrar em todos os processos pelo quais essas conclusões foram alcançadas.

A aplicação da metodologia proposta por Wattles pode ser usada para conseguir qualquer coisa na vida, não apenas sucesso financeiro, mas êxito também na carreira espiritual, em relacionamentos e na saúde.

INÍCIO

O direito de ser rico... Qualquer coisa que se diga em louvor da pobreza, mas a verdade é que é impossível viver uma vida realmente próspera e de sucesso quando não se é rico. Ninguém consegue chegar ao mais alto patamar de talento ou de desenvolvimento espiritual sem ter dinheiro suficiente para ser despertado espiritualmente e desenvolver seus talentos. Para isso, é preciso ter muitas coisas e não se pode adquiri-las sem dinheiro.

Todos nós nos desenvolvemos espiritual, mental e fisicamente utilizando coisas materiais, e a sociedade é organizada nesse sentido para que tenhamos dinheiro. Portanto a base da evolução deve ser o conhecimento da ciência de ficar rico.

O objetivo de qualquer ser vivo é a evolução. Tudo que vive tem o direito inalienável à total evolução. O direito inerente de cada pessoa à vida, e o direito de ter livre e irrestritamente as coisas materiais necessárias a seu Total desenvolvimento mental, espiritual e físico, ou seja, o direito de ser rico. Neste livro não se fala da riqueza de maneira figurativa, pois ser realmente rico é não se contentar com pouco.

Ninguém deve considerar-se satisfeito com pouco. O objetivo da natureza é a prosperidade e o desabrochar da vida, e todos devem ter tudo que contribuía para a beleza, a elegância e a riqueza da vida. Contentar-se com pouco é um pecado.

É considerada rica a pessoa que possui o que quer para ter a vida que deseja viver e ninguém que não possa ter abundância de dinheiro pode ter tudo o que quer. Atualmente, o padrão de vida progrediu tanto e tornou-se tão complexo que mesmo o homem ou a mulher mais simples precisam de grande quantidade de dinheiro a fim de viverem de um modo que os aproxime da plenitude. É claro que toda pessoa deseja naturalmente ser tudo que é capaz de se tornar, esses desejos realizam possibilidades inatas e inerente à natureza humana.

Nós não podemos evitar de querer o sucesso na vida, que está, entre outras coisas, em ser aquilo que se deseja. Você pode transformar-se naquilo que deseja somente empregando coisas. O que você pode ter livremente quando se torna rico é consequentemente ou mais essencial de todos os conhecimentos, e não tem nada de errado em querer ficar rico

Na verdade, o desejo de riqueza é o desejo de uma vida mais produtiva, mais próspera, mais abundante. E a pessoa que não deseja viver com mais abundancia é anormal assim como a pessoas que não deseja ter dinheiro o bastante para comprar tudo o que quer, também o é.

Existem três motivos para os quais nós vivemos: para o corpo, para a mente e para a alma. Nenhum desses motivos é melhor ou mais sagrado que o outro, todos são igualmente desejáveis, e nenhum deles pode viver inteiramente se qualquer um dos outros dois forem suprimidos da vida. Em plena expressão, não é certo ou nobre viver somente para a alma e negar a mente ou o corpo, por exemplo.

Ninguém pode ser realmente feliz ou estar plenamente satisfeito ao menos que seu corpo esteja vivendo inteiramente cada uma de suas funções. Isso também vale para sua mente e para sua alma.

O desejo é a capacidade que se aproxima da expressão e a ação aproxima-se do desempenho. Uma pessoa não consegue ter vida plena sem um bom alimento, sem estar confortável e abrigada, sem estar livre de um trabalho excessivo, pois descanso e o lazer são necessários para uma boa vida física. Ninguém pode viver sua plenitude mental sem livros e um tempo para lê-los e estudá-los. Sem as oportunidades para viagens e as observações ou sem intelectual ponto e deve estar cercada de todos os objetos de arte e a beleza.

É capaz de usar e de apreciar, para viver plenitude da alma uma pessoa deve ter o amor, e a expressão plena do amor é negada pela pobreza. A maior felicidade uma pessoa é encontrada na concessão de benefícios. Aquele que ama o amor encontra sua expressão mais natural e é mais espontâneo no gesto da doação. O indivíduo que não tem nada para doar não consegue assumir adequadamente seu lugar como um esposo, um pai, um cidadão ou um ser humano.

É no uso das coisas materiais que uma pessoa encontra a vida plena para o seu corpo e o desenvolvimento para sua mente e para sua alma. É perfeitamente normal que você deseje ser rico, ter vida plena para seu corpo, desenvolver sua mente e sua alma, consequentemente é de sumo importância para o indivíduo ser rico, é perfeitamente correto que você deseje ser rico, se você for um homem ou uma mulher normal, você não pode evitar

É direito seu querer dar maior e melhor atenção à ciência de ficar rico, porque é o mais nobre e o mais necessário de todos os estudos. Se você negligenciar esse estudo, você está negociando o seu dever para consigo mesmo, com Deus e com a humanidade, porque você não pode deixar legado maior à humanidade ou a Deus do que ter dado tudo de si mesmo.

Existe uma ciência para ficar rico? Existe uma ciência para ficar rico! E é uma ciência exata, como álgebra e aritmética. Há leis que administram o processo de obtenção de riqueza, e uma vez que essas leis são aprendidas e colocadas em prática por qualquer um, a pessoa começa a enriquecer com exatidão matemática.

A posse do dinheiro e dos bens vem como consequência de fazer coisas corretas e adequadas. Aqueles que fazem as coisas da maneira adequada enriquecem, enquanto aqueles que não as fazem, não se importam de trabalhar normalmente, permanecem pobres. É uma lei natural, que sempre produz seus efeitos.

Todo homem e toda mulher que aprende a fazer as coisas do modo correto, invariavelmente enriquecerá. Para mostrar que essa afirmação é verdadeira, cito os seguintes fatos:

tornar-se rico não é influência do ambiente, porque se fosse assim todas as pessoas em uma dada vizinhança seriam ricas, todos os indivíduos de uma certa cidade seriam ricos, enquanto de outras cidades seriam pobres; todos os habitantes de um determinado estado se esbaldariam na riqueza, enquanto os de um estado adjacente estariam na pobreza. Mas em toda parte vemos ricos e pobres vivendo lado ao lado, em um mesmo ambiente, até na mesma profissão.

Quando duas pessoas estão na mesma localidade e no mesmo ramo de negócios e uma começa a se tornar rica e a outra permanece na pobreza, mostra que ficar rico não se dá pelo ambiente, resultado de fazer as coisas da maneira adequada e correta. E mais habilidade de fazer as coisas dessa certa maneira não se devem unicamente a muitos terem grandes talentos e permanecem pobres enquanto outras pessoas com menos talentos enriquecendo as pessoas que ficaram ricas. Descobrimos que são indivíduos comuns em todos os sentidos e não tendo talento ou habilidade excepcional que outros não têm também. É evidente que não se tornaram ricos porque possuem talentos e habilidades diferentes que outros. Não tenham mais, porque aconteceu deles fazer a mesma coisa de maneira adequada.

Ficar rico não é resultado de economia ou avareza. Muitas pessoas que são muito econômicas são pobres, enquanto outras que esbanjam ficam ricas e enriquecem. Também não é consequência de fazer as coisas que os outros falam, porque, às vezes, duas pessoas, no mesmo negócio, fazem as mesmas coisas e uma enriquece e a outra não. Por vez, uma até empobrece, chegando à falência.

Por todos esses motivos, chegamos à conclusão que enriquecer é resultado de fazer as coisas de modo correto e adequado. Ficar rico, portanto, é o resultado de fazer as coisas de forma correta e como as mesmas causas produzem sempre os mesmos efeitos todo homem e mulher que se puder fazer as coisas de maneira correta poderia se tornar rico e esse fenômeno faz parte do domínio das ciências exatas. A dúvida levantada aqui é a respeito do grau de dificuldade para se fazer as coisas corretas e adequadas impedindo que algumas pessoas poderiam segui-la. Como já falado anteriormente isso não é verdade já que a habilidade é natural inerente ao ser humano tanto as pessoas talentosas ou pessoas que talento algum enriquecem, pessoas de intelecto brilhante ficam ricos e pessoas muito bobas ficam ricas pessoas muito fortes ficam ricas e os fracos e doentes também ficam ricos, algum grau de habilidade em pensar e compreender naturalmente é essencial mas já que a habilidade é inerente toda pessoa que tiver inteligência suficiente para escutar e compreender essas palavras com certeza pode ficar rica.

Como já foi dito não é a influência do ambiente, obviamente a localização conta para algumas coisas ponto ninguém vai para o coração do deserto do Saara e espera montar um negócio que fará sucesso. Enriquecer envolve a necessidade de negociar com outras pessoas e precisa fazer isso onde elas estão, caso elas estejam inclinadas a aceitar seu tipo de negociar tanto melhor para você e isso não depende do ambiente. Se alguém ficou rico na sua cidade ou se alguém ficou rico com o seu estado você também poderá ficar. Reitero que não é devido a determinada escolha de um negócio ou profissão as pessoas podem ficar ricas e escolhendo qualquer um deles, enquanto vizinhos no mesmo negócio permanecem pobres.

Dando uma acelerada até o capítulo 11 para vocês conhecerem mais desse fantástico livro

O pensamento é o poder criativo com uma força motriz que te faz pensar de maneira adequada e correta, e trazer a riqueza até você. Mas você não pode confiar só no pensamento sem se importar com suas próprias ações. Esse foi o impedimento que afundou muitos pensadores científicos.

A falha em conectar os pensamentos com as ações, embora supondo ser possível, não alcançaremos ainda o estágio de desenvolvimento em que a pessoa possa criar diretamente da substância morfa, sem passar pelos processos da natureza ou a invenção da mão humana. A pessoa não deve somente pensar, deve completar seu pensamento com ações pessoais.

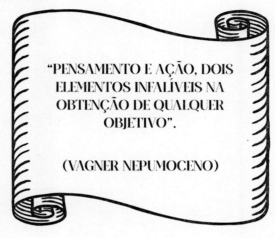

"PENSAMENTO E AÇÃO, DOIS ELEMENTOS INFALÍVEIS NA OBTENÇÃO DE QUALQUER OBJETIVO".

(VAGNER NEPUMOCENO)

CAPÍTULO 6

AS LEIS UNIVERSAIS

O conhecimento adquirido e as experiências vividas incumbiram-me da responsabilidade de repassar este conteúdo de grandíssimo valor, pois tenho certeza de que se você aplicá-lo em sua vida, indubitavelmente haverá mudanças positivas em todas as áreas, validando as evidências e as provas de que as coisas se materializam o meio do pensamento.

Antes mesmo de eu entender e começar a estudar essa incrível metodologia, conheci pessoas que eram pobres, porém inconformadas com a vida que levavam, e em um período de aproximadamente cinco anos mudaram suas vidas, algumas delas usando a Lei da Atração, outras usando a Lei da Semeadura.

Portanto, como eu disse no final do capítulo 4, este capítulo ganha uma atenção especial para entendermos um pouco as leis universais. Neste livro falarei de apenas sete delas, pois viver em desacordo com elas traz consequências negativas, assim como quem vive em conformidade com elas colhe os benefícios, pois são leis consideradas imutáveis.

Como diz Hermano no canal: "Dicas do Hermano" – e eu também vejo dessa forma: a melhor definição que eu encontrei para as leis do universo é que elas são a manifestação de Deus, os modos operandi de Deus, e viver segundo elas é viver segundo a vontade dele.

Existem 12 leis universais, e também as subleis, que totalizam 21. Falarei de sete delas, de forma clara e objetiva, para que você tenha melhor compreensão em seus estudos.

Vamos a elas?

- Lei da Atração.
- Lei da Semeadura.
- Lei do Ritmo.
- Lei da Gravidade.
- Lei da Polaridade.
- Lei da Vibração.
- Lei da Transmutação Perpétua.

"LEIS UNIVERSAIS... IMUTÁVEIS POR SER CRIAÇÃO DIVINA. O HOMEM NÃO TEM O PODER DE MUDAR, POIS TAMBÉM FAZ PARTE DA CRIAÇÃO DE DEUS".

I – Lei da Atração

A Lei da Atração é uma técnica que utiliza a crença de que nossa mente e o universo estão conectados pela força do pensamento. Hoje temos diversas pessoas nas redes sociais falando sobre isso, mas a ferramenta é antiga e já foi usada e comprovada por muitos filósofos, empreendedores, milionários etc.

É importante definir o que queremos para conquistar o tão desejado autoconhecimento e também para o universo. Entenda que é real e responda encontrando caminhos, meios e maneiras para que se torne realidade.

A Lei da Atração consiste exatamente nisto: emitir ondas de energia que chamarão determinadas vibrações. Essa lei ficou conhecida e ganhou repercussão por intermédio de Rhonda Byrne, no filme *O segredo*, mas hoje encontramos em vários locais as diversas maneiras de colocá-la em prática. Influenciadores que disseminam a ideia e famosos com relatos de como já a utilizaram para realizar grandes sonhos são alguns dos exemplos do quão poderosa a ferramenta é.

Quando ilustramos as coisas, fica mais fácil de visualizarmos aonde queremos chegar. Uma das maneiras de usar a Lei da Atração a nosso favor e manifestar com mais clareza o que queremos para o universo é criando mapas visuais. Recorte de revistas e jornais, ou pegue na internet, fotos de lugares que você quer visitar e de seus sonhos de consumo. Em sua casa, coloque em um local que você sempre enxergará, e toda vez que você olhar para a imagem imagine-se vivendo aquele momento, a emoção de estar ali, o que você sentiu ao realizar aquilo, o que fará quando estiver vivendo o tão sonhado momento.

A Lei da Atração é sobre sonhar e desejar, mas para que seus desejos sejam realizados é necessário também agir. Imagine seus sonhos e seus objetivos sendo alcançados, mas crie planos concretos de ação para isso. Antes de dormir, mantenha seus objetivos em sua mente no máximo de tempo possível até que seu subconsciente os absorva.

II – Lei da Semeadura

A Lei da Semeadura é um princípio que não podemos evitar. Aquilo que semeamos, colhemos. Esta lei tem impacto sobre todas as áreas de nossa vida: familiar, profissional, financeira etc. Conhecer a Lei da Semeadura é fundamental para aqueles que têm o desejo de plantar e colher bem. Deus, o grande agricultor, estabeleceu uma série de princípios para as nossas "lavouras" (vida espiritual, emocional, familiar e pessoal). Ele nos deu o livre-arbítrio para plantarmos aquilo que desejamos (Josué 24:15).

Podemos escolher dois tipos de sementes para plantar: as boas e as más, e seus frutos serão as consequências dessa escolha. As boas são: mansidão, misericórdia, amor-próprio, obediência, compaixão etc. Quem escolhe essas sementes escolhe semear no espírito. É garantia de colher bons frutos (Salmos 92:14 / 126:6). As ruins são: inveja, intrigas, ciúmes, ódio, fofocas, contendas, raiva etc. Quem escolhe essas sementes escolhe semear na carne. Esse, infelizmente, colherá frutos ruins (Jó 4:8, Provérbios 22:8, Oséias 8:7).

A Lei da Semeadura é óbvia

Quem pouco planta, pouco colhe. Quem muito planta, muito colhe.

Tudo o que fazemos durante a nossa vida é considerado por Deus como um plantio. Seja para o bem ou para o mal, um dia colheremos tudo aquilo que semeamos em nossa "plantação".

Por causa dessa lei, sempre colheremos muito mais do que plantamos. Se plantarmos um grão de feijão, colheremos centenas e centenas de novos grãos. Se plantarmos uma sementinha de maçã, colheremos diversas maçãs durante muitos anos.

Existe um "dito" popular que diz: "Quem planta vento colhe tempestade". Ou seja, ninguém colhe apenas o que é seu e, sim, muitas vezes mais.

Refletindo

- Que tipo de semente você tem plantado em sua vida?
- Você se preocupa com os frutos que colherá no futuro?

Você e eu fomos criados por Deus para dar bons frutos para Ele. Se dedicarmos um momento que seja para fazer o bem a alguém, o resultado dessa semeadura pode durar para sempre. Porém, se optarmos por fazer algum mal, colheremos algo que poderá nos fazer sofrer por muitos anos.

III – Lei do Ritmo

Os ciclos são uma parte natural do universo. Podemos pensar sobre as estações do ano na Terra ou sobre as nossas vidas. Podemos recordar que a integração é tão importante quanto o crescimento. Estamos constantemente a pensar que temos que ser sempre iguais o tempo todo, quer na nossa saúde, quer na produtividade, mas isso não é sustentável.

Observe seus ritmos internos e tente trabalhar com eles em vez de lutar contra eles.

Sente-se esgotado?

Talvez seja melhor descansar um pouco em vez de estar em constante exigência para seguir em frente. A Lei do Ritmo faz com que na Terra tudo siga em perfeita ordem, a noite segue o dia, as estações do ano sempre uma por vez, e assim segue toda a ordem relacionada à Lei do Ritmo.

III – Lei da Gravidade

A Lei da Gravitação Universal afirma que se dois corpos possuem massa, ambos estão submetidos a uma força de atração mútua proporcional às suas massas e inversamente proporcional ao quadrado da distância que separa seus centros de gravidade. Essa lei foi formulada pelo físico inglês Isaac Newton, em sua obra Philosophiae *naturalis princicia mathematica*, publicada em 1687, que descreve a Lei da Gravitação Universal e as Leis de Newton, as três leis dos corpos em movimento que se assentaram como fundamento da mecânica clássica. A gravidade é uma força fundamental de atração que age entre todos os objetos por causa de suas massas, isto é, quantidade de matéria que são construídos

A gravidade mantém os objetos celestes unidos e ligados, como os gases quentes contidos pelo Sol e pelos planetas, confinados às suas órbitas. A gravidade da Lua causa as marés oceânicas da Terra. Por causa da gravitação, os objetos sobre a Terra são atraídos para o seu centro, ou seja, entendendo ou não, estamos sob efeito gravitacional.

Tudo está sobre efeito gravitacional. Se saltamos de uma montanha ou um prédio, somos atraído fortemente ao solo. Ignorar esse conhecimento pode ser fatal, porém é possível usar essa poderosa lei a seu favor, e, então, andar em conformidade e entender os benefícios que ela traz.

IV – Lei da Polaridade

Tudo é duplo, tudo tem polos, tudo tem o seu oposto, o igual e o desigual são idênticos em natureza, mas diferentes em graus. Os extremos se tocam, todas verdades são meias--verdades, todos os paradoxos podem ser reconciliados. A Lei da Polaridade demonstra um caráter de dualidade e os opostos representam a chave do poder hermético.

Nesse princípio podemos ver que tudo é dual e que os opostos são apenas os extremos de uma mesma coisa. A polaridade funciona como uma consequência da Lei da Vibração.

Um exemplo do princípio da polaridade é que o calor é o oposto do frio em uma escala de temperatura; calor e frio são opostos, porém o frio nada mais é do que a ausência do calor. O que muda é o grau com que ele vibra. Quanto maior a frequência, mais próxima da polaridade do calor, e assim por diante. O mesmo vale para os sentimentos.

V – Lei da Vibração

De acordo com a Lei da Vibração, o universo está em constante movimento vibratório e tudo se manifesta por esse princípio, todas as coisas se movimentam com seu próprio padrão de vibração e nada no universo fica em repouso.

Ao conhecer o princípio da vibração somos capazes de entender uma das leis mais inexoráveis do universo, a de que tudo está em movimento de partículas subatômicas da matéria em nossa mente.

Na verdade, a vibração é o grau de frequência em que cada elemento se move. As vibrações mais rápidas e em altas frequências são mais sutis, enquanto as vibrações mais lentas e em baixa frequência são mais densas. Quanto mais próximo algo está da matéria, mais baixa é a vibração.

Portanto os minerais são aqueles que possuem as vibrações mais baixas, seguidos dos vegetais, animais, seres humanos, espírito e mente. Quanto mais alta for a vibração, menos perceptível ela será a olho nu, como acontece com as ondas eletromagnéticas e sonoras.

A Lei da Vibração ainda explica que, assim como na Física, o movimento gera uma força centrípeta e uma centrífuga. Nós, seres humanos, também somos capazes de atrair ou irradiar energia através de nossas vibrações e exercer influência sobre o mundo ao nosso redor.

V – Lei da Transmutação Perpétua

Esta lei afirma que num nível energético, tudo no universo está em constante evolução ou flutuação.

Cada ação é precedida por um pensamento em que os próprios pensamentos têm o poder de eventualmente se manifestarem na nossa realidade física, ou seja, a energia se move assumindo formas, manifesta-se por meio delas e volta à forma original. Qualquer pensamento que você mantiver em sua mente materializar-se-á em seu mundo físico; tudo o que existe começou no pensamento de alguém.

A Lei da Transmutação nos ajuda a entender mais um pouco sobre como alcançarmos o que queremos, pois ela nos ensina que toda forma de energia é capaz de ser modificada por sua oposta.

Você pode mudar tudo e fazer o que quiser. Não fique apegado ao passado e sofrendo com algo. Mude suas vibrações e pensamentos negativos para vibrações e pensamentos positivos. Mude a sua posição de coitadinho para a ação de vencedor, use as leis do universo a seu favor e mude sua vida para melhor.

Todas as informações sobre as leis estão relacionadas diretamente com a sua vida. Entenda e se aprofunde nesse estudo, adquirindo conhecimento específico de como manter seu equilíbrio interior, vivendo de forma consciente e tomando atitudes conscientes.

O desenvolvimento pessoal e financeiro está diretamente ligado ao amplo conhecimento da aplicação das leis do universo. Um dos grandes motivos de as pessoas não prosperarem é ignorar isso e não querer saber como funciona, porém, isso está mudando em larga escala.

O mundo que o cerca é o equivalente físico do mundo que existe dentro de você. Sua principal tarefa na vida é criar em seu próprio interior o equivalente mental da vida que você quer ter. Imagine como seria sua vida ideal, em todos os aspectos. Mantenha esse pensamento até que ele se realize ao seu redor.

"SEU TEMPO É LIMITADO, ENTÃO NÃO O GASTE VIVENDO A VIDA DE OUTRA PESSOA".

(STEVE JOBS)

CAPÍTULO 7

QUEM PENSA, ENRIQUECE

[Napoleon Hill]

Pense & enriqueça é considerado o livro fundador da literatura de autoajuda e desde 1937, ano de sua publicação, é classificado como a mais importante obra de cunho financeiro do gênero. Nesse livro, Napoleon Hill propõe a seguinte questão: "Como vencer na vida?".

Para respondê-la, ele procurou a opinião de alguns dos homens mais ricos da história dos Estados Unidos, como Henry Ford, George Eastman, Theodore Roosevelt, Woodrow Wilson, John Rockefeller, Thomas Edison e Alexandre Graham Bell.

Por mais de vinte anos, Hill analisou a carreira desses homens e com base na experiência deles descobriu o segredo para gerar riqueza. *Pense & enriqueça* propõe um programa de 13 passos que mostra a importância do autoconhecimento, da imaginação e das associações de ideias para criar resultado satisfatórios, além de ensinar estratégias de venda e um programa de aperfeiçoamento que coloca o leitor no caminho para o sucesso.

O que você mais quer? (apresentação da primeira edição) "Dinheiro, fama, poder, felicidade, personalidade, tranquilidade?".

Os 13 passos

1. Desejo.
2. Fé.
3. Autossugestão.
4. Conhecimento Especializado.
5. Imaginação.
6. Planejamento organizado.
7. Decisão.
8. Perseverança.
9. O poder da mente mestra.
10. O mistério da transmutação sexual.
11. A mente subconsciente.
12. O cérebro.
13. O sexto sentido.

Os 13 passos para a riqueza apresentado nesse livro são a filosofia mais rápida e confiável para a realização individual já apresentada até hoje para o homem ou para a mulher que estiver em busca de um objetivo definido na vida.

Antes de começar o livro, você vai se beneficiar imensamente se aceitar o fato de que ele não foi escrito para entreter e não é possível digerir adequadamente todo o seu conteúdo em uma semana ou um mês.

Falaremos de forma abreviada sobre os passos que o livro sugere.

1. Desejo

Um desejo ardente de ser alguém e de fazer alguma coisa é o ponto de partida de onde o sonhador tem que decolar. Os sonhos não nascem da indiferença, da preguiça ou da falta de ambição.

Lembre-se, também, de que todo mundo que teve sucesso na vida começou de baixo e teve que passar por muitas batalhas angustiantes até chegar ao topo. O momento da virada dos que tiveram sucesso geralmente ocorreu numa crise em que eles foram apresentados ao seu "outro lado".

2. Fé

A fé é o químico-chefe da mente. Quando a fé mistura-se com a vibração do pensamento, o subconsciente capta essa vibração, traduz para o seu correspondente espiritual e a transmite para a inteligência infinita como oração.

A repetição de palavras de ordem para a mente subconsciente é o único método conhecido de desenvolvimento voluntário dessa emoção que é a fé.

Todos os pensamentos que receberam uma carga de emoção (que receberam sentimento) e foram misturados com a fé começam imediatamente a se traduzir em seu equivalente ou em sua contrapartida física.

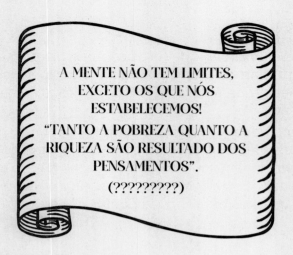

3. Autossugestão

A autossugestão é um termo que se aplica a todas as sugestões e estímulos autoadministrados que chegam à nossa mente pelos cinco sentidos.

Colocando de outra maneira: autossugestão é auto indicação, é a comunicação entre aquela parte da mente em que ocorrem os pensamentos conscientes e a que serve como o centro de ação da mente subconsciente. Por meio dos pensamentos dominantes que permitimos manter na mente consciente (se eles são positivos ou negativos não vem ao caso).

O Princípio da autossugestão acaba por chegar voluntariamente à mente subconsciente, influenciando-a com esses pensamentos. Nenhum pensamento – positivo ou negativo –, pode penetrar na mente subconsciente sem a ajuda do princípio da autossugestão, com exceção daqueles que são diretamente captados do éter.

Em outras palavras, todas as impressões sensoriais percebidas pelos cinco sentidos fazem uma parada na mente pensante e consciente e, então, a nosso critério, são passadas para a mente subconsciente ou descartadas.

A faculdade consciente serve, por isso, como um guarda exterior para o que se aproxima do subconsciente. Deus construiu o ser humano de maneira que ele tenha total controle sobre o que entra em sua mente subconsciente através dos cinco sentidos. Embora isso não deva ser entendido como uma afirmação de que as pessoas sempre exercem esse controle, na grande maioria das vezes é. Porém muitas pessoas não o exercem, o que explica por que tanta gente passa pela vida sem sair do estado de pobreza.

4. Conhecimento especializado

Há dois tipos de conhecimentos: o geral e o especializado.

Os conhecimentos gerais, não importam quão amplos ou variados, não têm nenhuma utilidade na acumulação de dinheiro. As faculdades das grandes universidades dispõem de praticamente todas as formas de conhecimento geral que a civilização conhece, mas a maioria dos professores raramente tem dinheiro.

Eles se especializaram em ensinar conhecimentos, mas não na organização ou na utilização deles. O conhecimento não irá atrair dinheiro, a não ser que ele seja organizado e direcionado com inteligência, por meio de planos práticos, para a ação e para o propósito específico da acumulação do dinheiro.

A falta de compreensão desse fato tem gerado confusão para milhões de pessoas que falsamente acreditam que "conhecimento é poder".

Nada disso!!

Conhecimento é apenas poder em potencial. Ele só se transforma em poder quando organizado em planos definidos para a ação e direcionado para um propósito específico.

Esse "elo perdido", presente em todos os sistemas de educação que as civilizações de hoje conhecem, pode ser visto na dificuldade que nossas instituições de ensino têm em ensinar aos alunos como organizar o conhecimento que adquirem.

Muita gente comete o erro de achar que, como Henry Ford teve pouca "formação escolar", ele não é uma pessoa "educada". Quem comete esse erro não o conhece nem o real significado da palavra "educar". Ela deriva do latim *educo*, que significa: eduzir, extrair, desenvolver a partir de dentro. Uma pessoa educada não é necessariamente uma pessoa que detém grande quantidade de conhecimentos gerais ou especializados. Ela é aquela que desenvolveu as faculdades mentais pelas quais pode conseguir o que quiser, ou algo equivalente, sem atropelar os direitos dos outros. Henry Ford se encaixa muito bem nessa definição.

Durante a Primeira Guerra Mundial, um jornal de Chicago publicou editoriais em que afirmava, entre outras coisas, que Henry Ford era "um pacifista ignorante". O Sr. Ford se insurgiu contra as declarações e processou o jornal por difamação.

Quando o processo foi julgado no tribunal, os advogados pleitearam a exceção da verdade e intimaram o próprio Ford a depor para provar ao júri que ele era realmente ignorante. Os advogados fizeram várias perguntas a ele, todas com o intuito de provar que, embora ele tivesse conhecimento especializado considerável quanto à fabricação de automóveis, ele era, no geral, um homem ignorante.

O Sr. Ford foi torturado com perguntas do tipo: quem foi Benedict Arnold? Quantos soldados a Inglaterra mandou para os Estados Unidos para sufocar a rebelião de 1776? Em resposta a esta última, Ford rebateu: "Eu não sei o número exato de soldados que a Inglaterra mandou. Só sei que foi um número consideravelmente maior do que o que voltou para a casa".

5. Imaginação

A imaginação é a oficina onde são formados todos os planos que as pessoas criam. O impulso e o desejo ganham forma e ação com a ajuda da faculdade imaginativa da mente.

Já foi dito que as pessoas podem criar qualquer coisa que elas consigam imaginar. De toda a história da civilização, este é o momento mais favorável para o desenvolvimento da imaginação, porque é um momento em que as coisas mudam com muita rapidez. Por todos os lados recebemos estímulos que desenvolvem a imaginação.

Com o auxílio dessa faculdade, as pessoas descobriram e desenvolveram nos últimos cinquenta anos mais do que em toda a história da humanidade. O ser humano conquistou o ar de maneira tão correta que os pássaros não voam melhor do que ele. Ele capturou a força do éter e fez com que isso servisse como meio de comunicação instantâneo para o mundo.

Ele analisou e pesou o Sol a milhões de quilômetros de distância e estabeleceu, com a ajuda da imaginação, de que elementos ele se constitui. Ele descobriu que o próprio cérebro é uma estação de transmissão e recepção da vibração do pensamento e agora está começando a aprender como usufruir dessa descoberta. Ainda, ele aumentou a velocidade da locomoção e, hoje, é capaz de viajar a mais de 500 quilômetros por hora. Chegará o dia em que alguém tomará café da manhã em Nova York e almoçará em São Francisco.

A única limitação do homem, dentro daquilo que é razoável, está no desenvolvimento e no uso da imaginação. O ser humano ainda não chegou no auge desse desenvolvimento, apenas sabe que tem imaginação e a usa de maneira muito básica.

6. Planejamento organizado

Você já aprendeu que tudo aquilo que a pessoa cria ou adquire começa na forma de um desejo e que, na primeira etapa da viagem do abstrato para o concreto, o desejo é levado à oficina da imaginação, na qual os planos para essa transição são gerados e organizados.

Veja agora instruções sobre como criar planos práticos.

I. Una-se a um grupo com quantos integrantes forem necessários para você criar e pôr em prática o seu plano (ou planos) para a acumulação de riqueza utilizando o princípio da mente mestra descrito mais adiante (seguir essa instrução é absolutamente fundamental. Não menospreze isso).

II. Antes de formar sua aliança de mente mestra, decida que vantagens e benefícios você poderá oferecer aos membros do grupo em troca da cooperação que eles lhe trarão. Ninguém trabalha indefinidamente sem algum tipo de pagamento. Nenhuma pessoa inteligente pediria ou esperaria que outra trabalhasse para ela sem alguma forma de retribuição, embora ela nem sempre ocorra em termos financeiros.

III. Procure se encontrar com seu grupo de mente mestra pelo menos duas vezes por semana se possível. E, se puder, mais, pelo menos até ter aperfeiçoado o plano necessário (ou planos) para acumulação de riqueza.

IV. Mantenha a harmonia perfeita com todos os membros do grupo. Se essa instrução não for seguida ao pé da letra, pode contar com o seu fracasso. O princípio da mente mestra não será alcançado se não houver perfeita harmonia entre vocês. E tenha em mente também os seguintes fatos:

1. Você está se dedicando a um empreendimento que é da maior importância em sua vida. Para ter certeza absoluta do sucesso, seus planos têm que ser impecáveis.

2. Você precisa contar com a experiência, a educação, os talentos e a imaginação de outras mentes. Isso é coerente com os métodos seguidos por todas as pessoas que acumulam uma grande fortuna.

7. Decisão

Uma análise precisa de mais de 25 mil homens e mulheres que fracassaram revelou que a indecisão era um dos principais motivos entre os 30 maiores para o fracasso. Isso não é teoria. É fato.

Adiar as coisas, que é o contrário de se tomar uma decisão, é um inimigo comum que quase todas as pessoas têm que dominar.

Você terá a oportunidade de testar sua capacidade de tomar decisões rápidas e definitivas quando acabar de ler este livro e estiver pronto para colocar em prática os princípios que ele descreve.

Outra análise, de centenas de pessoas que acumularam muito mais do que 1 milhão de dólares, revelou que todas elas tinham o hábito de tomar decisões rapidamente e só mudá-las devagar se mudassem as pessoas que não conseguem acumular dinheiro, sem exceção, têm o hábito de tomar decisões (quando tomam) muito lentamente e de mudar essas decisões rapidamente e com frequência.

Uma das características mais marcantes de Henry Ford era o hábito de tomar decisões rápidas e definitivas e só mudar de ideia lentamente. É uma qualidade tão marcante que chega a lhe dar a reputação de ter sido um obstinado.

Foi essa característica que fez com que ele continuasse a produzir o famoso modelo "T" (o carro mais feio do mundo) enquanto todos os seus conselheiros e muitos compradores pediam que ele mudasse. Talvez o Sr. Ford tenha realmente demorado muito para mudar de ideia, mas o outro lado dessa história mostra que a decisão firme do Sr. Ford permitiu que ele acumulasse enorme fortuna antes que a mudança no modelo efetivamente se fizesse necessária.

Não restam dúvidas de que o hábito de Henry Ford de tomar decisões definitivas chegava ao limiar da obstinação, e é preferível ter essa qualidade do que tomar decisões lentas demais e depois rapidamente modificá-las. A maioria das pessoas que não consegue acumular dinheiro suficiente para as próprias necessidades é geralmente muito fácil de ser influenciada pela "opinião" dos outros. Elas permitem que nos jornais e os vizinhos "palpiteiros" pensem por elas.

Uma "opinião" é a *commodity* mais barata que existe, pois todo mundo tem um monte de opiniões a dar a quem aceite ouvi-las. Se você se deixar influenciar por opiniões e palpites na hora de tomar uma decisão, não vai ter sucesso em qualquer empreendimento, muito menos em transformar seu desejo em dinheiro. Se você se deixar levar sempre pelas opiniões dos outros, você nunca terá vontade própria. Mantenha-se fiel a si mesmo. Comece a pôr em prática os primeiros passos aqui descritos, tomando suas próprias decisões e partindo para a ação.

8. Perseverança

A perseverança é um fator crítico no processo de transformação do desejo no equivalente monetário. A base da perseverança é a força de vontade.

O desejo e a força de vontade, quando bem combinados, formam um casal irresistível. Homens que acumulam grandes fortunas geralmente são considerados pessoas de sangue frio, às vezes implacáveis, e muitas vezes são mal compreendidos. O que eles têm é força de vontade, que misturam com a perseverança e a utilizam para empurrar os desejos e ter certeza de que os objetivos serão atingidos.

Muita gente considera Henry Ford, equivocadamente, uma pessoa gélida e implacável. Esse equívoco nasceu devido ao hábito de Ford de perseverar em todos os planos até o fim.

A maioria das pessoas desistem logo de seus objetivos e metas ao menor sinal de azar ou oposição. Umas poucas vão em frente, apesar de todas as adversidades, até atingirem seus objetivos. Essas poucas são os Fords, os Carnegies, os Rockfellers e os Edisons.

A palavra "perseverança" pode até não ter uma conotação heroica, mas é uma qualidade que está para o caráter do homem da mesma maneira que o carbono está para o aço.

A construção de uma fortuna, via de regra, envolve a aplicação de todos os 13 fatores dessa filosofia. Esses princípios precisam ser compreendidos e aplicados persistentemente por todos os que desejam acumular dinheiro.

9. O poder da mente mestra

O poder é fundamental para se ter sucesso na acumulação de dinheiro. Qualquer plano será inerte e inútil se não houver poder suficiente para transformá-lo em ação. Este item descreve o método pelo qual uma pessoa é capaz de obter e exercer poder. Este pode ser definido por "conhecimento organizado e dirigido com inteligência".

O poder, da maneira como a palavra é aqui usada, refere-se a um esforço suficientemente organizado para permitir que uma pessoa transforme o desejo no equivalente financeiro. Esse esforço organizado é obtido a partir de uma coordenação de esforços de duas ou mais pessoas, que trabalham juntas para um determinado fim, num espírito de harmonia.

O poder é necessário para a acumulação de dinheiro. E o poder é necessário para manter o dinheiro depois de ele ter sido acumulado.

Vamos esclarecer como o poder pode ser adquirido. Se poder é "conhecimento organizado", examinemos primeiro as fontes desse conhecimento:

1. Inteligência infinita: esta fonte de conhecimento pode ser contada por meio do procedimento descrito no capítulo 1, com a ajuda da imaginação criativa.

2. Experiência acumulada: a experiência acumulada dos seres humanos (ou pelo menos a parte que foi organizada e registrada) pode ser encontrada em qualquer biblioteca pública de bom nível. Parte importante dessa experiência acumulada e ensi- nada em escolas e universidades públicas, onde foi classificada e organizada.

3. Pesquisa e experiência: no campo da ciência, assim como em praticamente todos os outros ramos do conhecimento, as pessoas reúnem, classificam e organizam fatos novos diariamente. Essa é a fonte para a qual temos que nos virar, quando o conhecimento ainda está disponível como "experiência acumulada". Aqui também a imaginação criativa deve ser utilizada com frequência. O conhecimento pode ser adquirido a partir de qualquer uma das fontes 1, 2 2 3 anteriores e pode ser convertido em poder se for organizado em planos bem definidos que sejam colocados em ação.

10. O mistério da transmutação sexual

O significado da palavra "transmutar" é, em termos sim- ples, "mudar ou transferir um elemento ou tipo de energia para outro".

A emoção do sexo gera um estado de espírito. Devido à ignorância que existe em relação a esse assunto, esse estado de espírito é geralmente associado ao físico e, por causa de influências inadequadas às quais a maioria das pessoas está sujeita, a mente fica totalmente condicionada a encarar somente o lado físico do sexo. Mas, na verdade, a emoção dele apresenta três possibilidades construtivas:

1. A perpetuação da raça humana.

2. A manutenção do bem-estar físico (como agente terapêutico não há nada melhor).

3. A transformação da mediocridade em genialidade por meio da transmutação. A pesquisa na qual se baseia essa impressionante descoberta voltou mais de dois mil anos nas páginas da história e das biografias de pessoas notáveis, e sempre que havia indícios disponíveis sobre as vidas particulares das pessoas altamente realizadoras, a indicação mais convincente é a de que elas possuíam naturezas sexuais extremamente desenvolvidas.

11. A mente subconsciente

A mente subconsciente é formada por um campo de consciência em que todos os impulsos de pensamento que chegam à mente objetiva pelos cinco sentidos são classificados e registrados, e de onde os pensamentos podem ser acessados ou deixados como pastas em um arquivo. Ela recebe e arquiva os pensamentos e as impressões dos sentidos independentemente da natureza deles.

Você pode plantar deliberadamente em sua mente consciente qualquer plano, pensamento ou objetivo que deseje traduzir num equivalente físico ou financeiro. O subconsciente age primeiro nos desejos dominantes, aqueles que vêm misturados com a emoção; por exemplo, a fé.

Pense nisso em relação às instruções dadas no capítulo 3 sobre desejo (cumprindo os seis passos destacados) e as do capítulo 3 sobre criação e execução de planos e compreenderá a importância dos seus pensamentos.

A mente subconsciente trabalha noite e dia, por um processo ainda desconhecido, o subconsciente canaliza a força da inteligência infinita para obter o poder pelo qual ele voluntariamente transforma seus desejos no equivalente físico, valendo-se, para isso, dos meios mais práticos para a realização.

Você não pode controlar inteiramente sua mente subconsciente, mas pode deliberadamente passar para ela qualquer plano, desejo ou objetivo a que queira dar uma forma concreta.

12. O cérebro

Há mais de vinte anos, este autor, Napoleon Hill, trabalhando com o falecido Dr. Alexandre Graham Bell e o Dr. Elmer R. Gates, observou que todo cérebro é, ao mesmo tempo, uma estação transmissora e receptora de vibração do pensamento, através do éter, e de um modo muito parecido com as transmissões via rádio – todo cérebro humano é capaz de captar as vibrações do pensamento enviadas por outros.

Nesse sentido, pense na descrição que fizemos da imaginação criativa. Ela é a "parte receptora" do cérebro, com a qual se recebe os pensamentos alheios. É o agente de comunicação entre a mente consciente e racional das quatro fontes pelas quais se recebem os estímulos dos pensamentos.

Quando estimulada ou "incrementada" a um alto nível de vibração, a mente se torna mais receptiva às vibrações de pensamento que lhe chegam por meio do éter das fontes exteriores. Esse "incremento" acontece tanto pelas emoções positivas quanto pelas negativas.

Pelas emoções, as vibrações do pensamento podem ser aumentadas, e as vibrações mais altas são aquelas que podem ser captadas e transmitidas pelo éter de um cérebro a outro.

O pensamento é uma forma de energia que viaja num nível muito alto de vibração. Ele foi modificado ou "incrementado" por qualquer uma das grandes emoções e vibra num nível muito maior do que um pensamento comum, e é esse tipo de pensamento que passa de um cérebro a outro pela máquina de transmissão que é o cérebro humano.

13. O sexto sentido

O 13° princípio é chamado de "sexto sentido" e por ele a inteligência infinita pode e irá se comunicar voluntariamente, sem qualquer tipo de esforço ou pedido por parte da pessoa.

Esse princípio é o auge da nossa filosofia. Mas só pode ser assimilado, compreendido e aplicado depois de se dominar os 12 anteriores. O sexto sentido é aquela parte do subconsciente a que nos referimos como imaginação criativa. Também falamos que ele é a "estação receptora" pela qual as ideias, os planos e os pensamentos ascendem a mente. Às vezes, esses lampejos são chamados de "instinto" ou "inspiração".

O sexto sentido desafia uma descrição. Não pode ser descrito a alguém que ainda não dominou os demais princípios, porque uma pessoa assim não tem conhecimento.

O entendimento sobre o sexto sentido só vem com a meditação pelo desenvolvimento da mente a partir de dentro. Certamente, ele é o meio de contato entre a mente finita do ser humano e a inteligência infinita, e por esse motivo ele é uma mistura do mental com o espiritual. Acredita-se que seja o ponto em que a mente humana faz contato com a mente universal.

Depois de dominar os princípios descritos neste livro, você estará apto a aceitar como verdade uma frase que, de outra maneira, não seria crível: "Com a ajuda do sexto sentido você será avisado de perigos existentes e como evitá-los, e vai ser alertado sobre oportunidades que surgirão a tempo de abraçá-las".

CAPÍTULO 8

CONHECENDO SEU CÉREBRO

O cérebro é o "computador central" do nosso corpo, localizado dentro da caixa craniana, e faz parte do sistema nervoso para onde convergem todas as informações que recebemos. O cérebro representa 2% da nossa massa corporal, porém consome mais de 20% do nosso oxigênio e comanda todas as atividades, como ações motoras, integração dos estímulos sensoriais e atividades neurológicas, como a memória e fala.

A anatomia do cérebro humano

O cérebro é formado por dois tecidos superpostos. O córtex cerebral, mais extenso e de coloração cinza, composto pelos corpos celulares dos neurônios e outras células nervosas. E o tecido de coloração branca é o núcleo cerebral, rico em fibras nervosas que estabelecem a comunicação entre o córtex cerebral, os órgãos sensoriais e os músculos de todo o corpo.

Lóbulos do cérebro

O cérebro está divido em quatro lóbulos com ligação entre si.

Lobo frontal

É o maior dos quatro. Estende-se por trás da testa e é responsável pelos mais simples movimentos físicos, como também pelas funções do aprendizado, do pensamento, da memória e da fala.

Lobo parietal

Localizado atrás do frontal, estende-se até a parte posterior da cabeça. É responsável pela percepção espacial e pelas informações sensoriais de dor, calor e frio.

Lobo temporal

Localizado na base parietal até a altura dos ouvidos. É responsável pelos estímulos auditivos.

Lobo occipital

É o menor dos quatro, situado na parte posterior do temporal. Recebe e processa as imagens visuais.

Hemisférios do cérebro

O cérebro é formado por duas metades chamadas de hemisférios celebrais.

A metade da esquerda controla o lado oposto do organismo, ou seja, a ordem dos movimentos dirigidos para o lado direito. Partem do hemisfério esquerdo. Se o hemisfério dominante é o lado direito do cérebro, a pessoa é canhota.

Cada hemisfério controla uma série de funções; por exemplo: o hemisfério direito é que nos confere a capacidade de reconhecer rostos e objetos. Já o lado esquerdo controla nossa capacidade de leitura e escrita. E eles também atuam em conjunto, sendo algumas funções comprovadamente controladas pelos dois lados, tal como a fala. Estudos com pessoas que tiveram um dos hemisférios lesionados e continuaram a falar mostram esse fato.

Por meio da imagem a seguir, entenda como os cientistas, ao longo de décadas, chegaram ao conceito que vemos e entendemos atualmente.

VOCÊ PROSPERANDO: TIRANDO O VELHO EU DE CIRCULAÇÃO QUE ME IMPEDE A PROSPERAR!

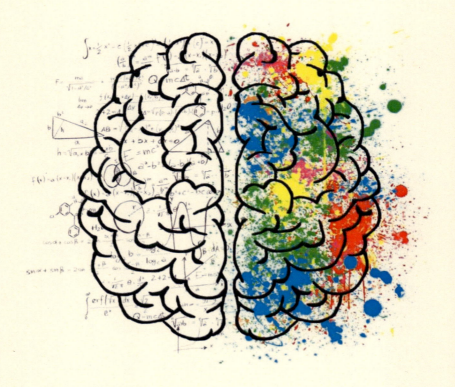

Lado esquerdo

Pensamento analítico, raciocínio, linguagem, escrita, ciência e matemática, habilidade com números e controle da mão direita.

Lado direito

Consciência analítica, criatividade, intuição, formas 3D, pensamento holístico, consciência musical e controle da mão esquerda.

Funções do cérebro

O cérebro comanda todas as nossas atividades e sentimentos, tais como movimentos corporais, memória e emoções.

Se somos capazes de andar, falar e refletir, isso se deve à atuação conjunta de diversas regiões do cérebro.

Exercitando o cérebro

Existem várias maneiras de estimular o cérebro. Uma delas é se desafiar a aprender algo novo. Aulas de arte ou um curso de idiomas aumentam a flexibilidade do cérebro.

O neurocientista argentino Facundo Manes, doutor em ciência pela universidade de Cambridge, incentiva a:

1. Propor a si mesmo metas e desafios intelectuais

Metas pessoais ou profissionais e trabalhos voluntários fazem bem ao cérebro.

Além disso ler, escrever ou aprender coisas novas melhoram as conexões cerebrais. O aprendizado de um novo idioma, por exemplo, é desafiador e estimulante para o cérebro. Aprender artes e pesquisar sobre a própria genealogia também são atividades cognitivas.

A atividade intelectual deve ser mentalmente estimulante e, ao mesmo tempo, agradável.

2. Valorizar a vida pessoal

O ser humano é um ser social. Precisamos estar em contato com outros seres humanos, assim como nosso cérebro. Geralmente, as pessoas isoladas morrem antes.

3. Cultivar relacionamentos

Ter vínculos profundos com outras pessoas nos dá mais sensação de bem-estar do que ter fama, por exemplo.

4. Pensar positivo

Todos temos pensamentos tóxicos, mas alguns têm mais pensamentos do que outros. Essas pessoas veem mais o lado negativo do que o positivo e têm mais tendência a serem depressivos e ansiosos, e isso também afeta o desempenho do cérebro.

5. Praticar esporte regularmente

Alguns esportes têm o poder de unir a memória ativa, além de manter o corpo saudável e incrementar a vida social; por exemplo, o tênis, que nos obriga a estar atentos onde a bola vai e fazer exercícios com uma pessoa.

O mesmo ocorre com a dança de salão, também considerada uma atividade física, que exige atenção aos passos e aos parceiros.

6. Manter o corpo em dia

Controlar a pressão arterial, o colesterol, o nível de glicose no sangue, o ácido fólico, a vitamina B12 e o peso também são vitais para cuidar do "cérebro".

"SEU FUTURO É CRIADO PELO QUE VOCÊ FAZ HOJE, NÃO AMANHÃ".

(ROBERT KIYOSAKI)

Entendendo os hábitos dos gênios

Thomas Edison tem registrado em seu nome mais de duas mil patentes, tal como: o fonógrafo, o cinetógrafo (antepassado da máquina de filmar), a lâmpada elétrica e muitas outras invenções.

Em comparação ao número de acertos, certa vez ele relatou ter falhado em 10 mil experimentos. Sobre isso, afirmou: "Eu não falhei. Eu só encontrei 10 mil maneiras que não funcionam".

Ele tinha como hábito sempre tentar coisas novas e não desistir.

As falhas fazem parte da vida, mas não são quem você é e não são permanentes. Algumas pessoas não tentam pelo medo do fracasso e o único meio de falhar é desistir e não fazer. Se as coisas não funcionam como o esperado, você apenas aprendeu que o caminho seguido até então não era o melhor. Continue tentando e jamais desista.

Amadeus Mozart foi diagnosticado com sintomas de distúrbio e déficit de atenção. Para superar essa dificuldade ele tinha o hábito de fazer as coisas de forma muito estruturada.

A rotina do compositor era dividida em compor, dar aulas, tempo com os amigos e dormir.

Estrutura e rotina podem ajudá-lo a ficar mais inteligente por criar forte hábitos saudáveis. Por exemplo, se você organizar o seu dia para ler um artigo que o ajude a aprender alguma coisa nova, ao longo de um ano terá aprendido 365 coisas novas.

"Já pensou o quanto esse hábito pode proporcionar em uma vida inteira?".

Ler mais artigos, livros, ouvir *podcasts* e usar de outros meios de obter conhecimento farão não só seu intelecto crescer como treinará seu cérebro a guardar informações com mais facilidades.

Não só os gênios de outras épocas fizeram história e marcaram uma geração no processo de mudança de hábito. Em nossa geração temos inúmeros exemplos de homens e mulheres que deram início ao processo de mudança evolutiva simples reprogramando suas atitudes. Essas pessoas, que saíram de uma vida medíocre, que cansaram de viver em condições limitadas em relação a todas as áreas da vida, e que, com estudos específicos, cursos, planejamentos e desenvolvimento de seus objetivos, conseguiram realizações maravilhosas em suas vidas.

Um ponto importante é que elas transmitiram todo o conhecimento obtido, tornando-se pessoas públicas de grande valor.

Thiago Nigro, por exemplo.

Por meio de um canal no YouTube, seu intuito é ensinar educação financeira. Com isso, muitas pessoas percebem que precisam de um mentor para alcançarem bons resultados.

Primeiramente, sua iniciativa era apenas um canal no Youtube. Hoje é uma empresa que agrega conhecimento especializado em educação financeira, sobretudo investimento na bolsa de valores (mentoria especializada).

Por sua vez, **Wendell Carvalho** é conhecido por sua energia, dinamismo e uso de ferramentas científicas para mudança de crenças e atitudes.

Ele estudou, nos Estados Unidos, com o mestre da motivação, Anthony Robins, e com o guru da riqueza, T. Harv Eker.

Hoje ele impulsiona pessoas a ter uma vida de qualidade por meio do desenvolvimento pessoal.

"TUDO O QUE A MENTE HUMANA CONCEBER ELA PODE CONQUISTAR".

(NAPOLEON HILL)

As ondas cerebrais

Existem cinco tipos de ondas cerebrais que trabalham quase como notas musicais. Umas agem em baixa frequência e outras, em conjunto, são capazes de formar uma sintonia entre os pensamentos, as emoções e as sensações, que podem alcançar um equilíbrio perfeito, com o qual ficamos mais equilibrados e receptivos a tudo que nos rodeia.

Tipos de ondas cerebrais
Delta, Theta, Alfa, Beta, Gama

Nosso cérebro é uma estação de comutação elétrica e transmite as informações através de impulsos elétricos. Essa eletricidade, dependendo da frequência de ondas que transmite, vai de uma a outra parte do cérebro.

As ondas "alfas" são as quais temos mais possibilidades de criação mental, quando estamos relaxados; por exemplo, antes de adormecer ou de meditarmos é o momento de "alcançarmos" essas ondas.

E tudo pode ser criado ou desfeito quando estamos em contato frequente com as ondas "alfas".

Ao fazer esses exercícios citados anteriormente, conecte-se com sua intenção...

— O que te impede de ser feliz?

— O que te impede de estar saudável?

— O que te impede de prosperar?

Confie, você pode reverter qualquer cenário que foi criado ou imposto a você. Você atrai o que sente, você cria o que acredita, você se torna aquilo que pensa a seu próprio respeito. As camadas mais profundas do seu subconsciente são muito sensíveis às sugestões feitas pela vontade consciente.

A autossugestão e a visualização são técnicas muito poderosas. Afirmações e sugestões feitas nesse estado de profundo relaxamento possuem um poder enorme e são capazes de mudar a personalidade e as crenças que estão fixadas em nosso subconsciente.

Acessando essas camadas, você facilmente pode reprogramar seus pensamentos e crenças e tudo aquilo que te limita. Qualquer padrão de comportamento pode ser modificado.

Você e eu temos esse poder. Elimine as crenças que te limitam e impedem a sua prosperidade.

"O olho absorve... O cérebro produz formas" (Paul Cézanne)

Pois bem! Todas essas informações da parte física do cérebro é para entendermos bem como exercitamos a parte funcional desse incrível órgão, pois tudo começa com autoconhecimento.

Entenda que se suas faculdades mentais estão em perfeito estado, você é um ser criativo, não há limites para o que você pode fazer.

Milhares de informações são apresentadas ao seu cérebro todos os dias por meio de notícias, músicas, conversas, imagens etc. É muito importante selecionar o que reter e adicionar ao seu banco de dados, pois muitas coisas só servem para dar peso à vida, outras para fazer voar, e outras, ainda, trazem dúvidas. A partir deste momento seja perito das informações que te apresentam.

O que tem colocado em sua mente? Fardos, que fazem pesar, ou combustível que te impulsionam a avançar?

É perceptível que muitas pessoas não sabem o que querem até apresentarmos a elas. Este conteúdo fará com que a pessoa que teve acesso a ele agregue conhecimento de grande valor quanto ao desenvolvimento pessoal.

Segundo estatísticas, 6% das pessoas conseguem o que querem e 94% ficam reclamando de suas vidas. Se você faz parte dos 6%, ótimo, mas se não faz, você está no caminho certo lendo este livro e comesse pôr em prática suas informações. Henry Ford certa vez disse: "Pensar é o trabalho mais difícil que existe. Talvez por isso tão poucos se dediquem a ele".

A mente humana é muito complexa. Existem muitas coisas a serem estudadas pelos cientistas em relação à capacidade do nosso cérebro, mas podemos afirmar que com o seu poder podemos fazer coisas ilimitadas.

O que não se pode ver

Compondo o cérebro humano de maneira notória, temos a mente consciente e a mente subconsciente, além de ferramentas incríveis e maravilhosas que poucas pessoas conseguem dominar. São as chamadas faculdades mentais, que são: percepção, razão, premonição, memória, intuição e imaginação. E podemos usar a imaginação para criar em nossa mente a imagem de como queremos viver. Então, elimine tudo que atrapalha esse desenvolvimento.

Seus resultados atuais não têm nada a ver com isso, só o que você quer ser, e isso é o que importa. É com a sua imaginação que você vai construir tudo.

Nós fomos abençoados com altas habilidades. Somos a mais perfeita criação de Deus, criados à Sua imagem e semelhança.

"COMBINE A FREQUÊNCIA DA REALIDADE QUE QUER E VOCÊ NÃO PODE DEIXAR DE TER ESSA REALIDADE...
NÃO PODE SER DE OUTRA MANEIRA.
ISSO NÃO É FILOSOFIA, ISSO É FÍSICA".
(ALBERT EINSTEIN)

CAPÍTULO 9

OS SEGREDOS DA MENTE MILIONÁRIA

[T. Harv Eker]

O empresário T. Harv Eker, em sua obra *Os segredos da mente milionária*, um dos melhores livros sobre educação financeira já lançado, revela técnicas, hábitos, etc., sobre como manter suas finanças sob controle e alavancar cada vez mais a sua vida. Segundo ele: "A maioria das pessoas associa dinheiro a prazer imediato. Para mim, ele deve ser acumulado para proporcionar liberdade".

Aprenda a enriquecer mudando seus conceitos sobre o dinheiro e adotando os hábitos das pessoas bem-sucedidas.

Na parte 1 do livro ele aborda o processo de manifestação. Lembre-se: pensamentos conduzem a sentimentos, sentimentos conduzem a ações e ações conduzem a resultados. Não é espantoso que embora esse poderoso mecanismo seja a base da nossa vida, a maioria de nós não faz a menor ideia de como ele funciona?

Comece dando uma rápida olhada em como sua mente trabalha. Metaforicamente falando, ela não é nada além de um grande armário cheio de arquivos, similar ao que você talvez tenha em casa ou no escritório. Toda informação que entra ali é etiquetada e guardada nesses arquivos de fácil acesso para ajudar na sua sobrevivência. Você percebeu? Eu não disse prosperidade, disse sobrevivência. A proposta do autor é fazer com que aumentemos o nosso termostato financeiro e pensar com base nos 17 arquivos de riqueza que ele apresenta, pois são esses arquivos e essas riquezas que moldam a nossa vida.

São 17 modos de pensar e agir que distinguem os ricos das outras pessoas (estamos falando de pensamentos, pessoas de mentalidade ricas e pessoas de mentalidade pobre). São eles...

ARQUIVO DE RIQUEZA N.° 1

As pessoas ricas acreditam na seguinte ideia: "Eu crio a minha própria vida". Pessoas de mentalidade pobre acreditam: "Na minha vida, as coisas acontecem".

Se você quer enriquecer, é imperativo acreditar que está no comando da sua vida, em especial da sua vida financeira. Caso o contrário, você tem a crença de que exerce pouco ou nenhum controle sobre sua própria vida e, consequentemente, de que exerce pouco ou nenhum controle sobre seu sucesso financeiro, mas, na verdade, tudo depende de você. Quando a pessoa acredita que as coisas simplesmente acontecem, ela se põe como vítima, e as vítimas, em sua maioria, são especialistas no "jogo da culpa".

O objetivo é ver para quantas pessoas e circunstâncias uma vítima consegue apontar o dedo sem jamais olhar para si mesma. É algo divertido, pelo menos para ela. Infelizmente, não é tão legal para qualquer um que tenha a má sorte de estar ao seu lado, pois acaba se tornando um alvo fácil.

A vítima coloca a culpa na economia, no governo, na Bolsa de Valores (em seus corretores), no ramo de negócio em que atua, no patrão, nos empregados, no gerente, nos diretores da empresa, no serviço de atendimento ao cliente, no marido ou na mulher e, é claro, nos pais. O problema é sempre de alguém ou de alguma coisa, nunca da própria pessoa.

ARQUIVO DE RIQUEZA N.° 2

As pessoas ricas entram no jogo do dinheiro para ganhar. As pessoas de mentalidade pobre entram nesse jogo para não perder.

As pessoas de mentalidade pobre jogam o jogo do dinheiro na defensiva. Responda: se você disputar uma partida de esporte qualquer usando uma tática estritamente defensiva, quais serão suas chances de vencer? Muita gente concorda que pouca ou nenhuma, no entanto, é assim que a maioria das pessoas joga o jogo do dinheiro. A sua principal preocupação é a sobrevivência e a segurança, não a conquista de riqueza. E então, qual é a sua meta, seu objetivo, sua real intenção?

O propósito das pessoas verdadeiramente ricas é ter grande fortuna e abundância. Não apenas algum dinheiro, mas muito dinheiro. E qual é o objetivo das pessoas de mentalidade pobre? Ter dinheiro suficiente para pagar as contas em dia já seria um milagre!

Deixe-me falar uma vez mais sobre o poder da intenção. Se o que você pretende é possuir apenas o bastante para cobrir as despesas, é exatamente isso o que conseguirá. Nem um único centavo a mais. As pessoas que não têm uma visão de classe média dão pelo menos um passo além, pena que seja um passo muito pequeno. O seu grande objetivo na vida é igual à palavra de que mais gosto neste mundo: "conforto". E tudo o que desejam é só um pouco mais além disso. Odeio ter que lhe dar esta notícia: existe uma imensa diferença entre ter algum conforto e ser rico.

ARQUIVO DE RIQUEZA N.° 3

As pessoas ricas assumem o compromisso de serem ricas. As pessoas de mentalidade pobre gostariam de ser ricas.

Pergunte às pessoas se elas querem ser ricas. A maioria delas vai pensar que você é doido por fazer essa pergunta. "É claro que sim", dirão. A verdade, porém, é que quase todas elas não desejam enriquecer porque – ponto de interrogação – tem em seu subconsciente muitos arquivos de riquezas negativos, que lhes dizem que há algo errado em ser rico. No seminário intensivo de Mente Milionária, uma das perguntas que faço é: quais são algumas das possíveis desvantagens de ser rico ou de tentar ser rico?

Veja o que participantes costumam dizer e verifique se algumas das respostas têm a ver com o que você pensa a respeito dessa questão.

"E se eu me der bem e depois perder tudo? Aí serei realmente um fracassado".

"Nunca vou saber se as pessoas gostam de mim por mim mesmo ou pelo meu dinheiro".

"Vou cair na faixa mais alta do imposto de renda e ter que dar metade do meu dinheiro ao governo. Dá muito trabalho".

"O esforço pode acabar com a minha saúde".

"Os meus amigos e a minha família vão me criticar, dizendo: 'Quem você pensa que é?'. Todo mundo vai pedir uma ajudinha".

"Eu poderia ser roubado".

"Os meus filhos podem ser sequestrados".

"É uma responsabilidade muito grande. Terei que administrar rios de dinheiro, precisarei entender tudo de investimentos. Terei que me preocupar com estratégias fiscais e a proteção de ativos, e contratar contadores e advogados caros. Ai, que coisa chata!".

E por aí vai...

Quantas pessoas de mentalidade ricas pensam: "Eu me comprometo a ser rico"? O significado de comprometer-se é dedicar-se sem restrições, o que exige não se refrear e dar 100% de tudo o que se tem para obter riqueza. Isso requer a disposição para fazer o que for necessário durante o tempo que for preciso. É o caminho do guerreiro. Nenhuma desculpa, nenhum "se", nenhum "mas", nenhum "talvez". Ponto. E o fracasso não é uma opção. O caminho do guerreiro é simples: serei rico ou morrerei tentando. Experimente dizer isto em voz alta e veja como se sente: "Eu me comprometo a ser rico!".

ARQUIVO DE RIQUEZA N.° 4

As pessoas ricas pensam grande. As pessoas de mentalidade pobre pensam pequeno.

A maioria das pessoas escolhe pensar pequeno. Por quê? Primeiro, por causa do medo. Elas morrem de medo do fracasso, mas também do sucesso. Segundo, porque se sentem inferiores e não merecedoras. Elas não se consideram suficientemente importantes ou capazes de fazer real diferença na vida de alguém. Porém preste atenção: a nossa vida não diz respeito somente a nós, mas também a contribuir para a vida dos outros, a sermos fiéis a nossa missão e a nossa razão de estarmos neste mundo neste momento. Diz respeito, ainda, a acrescentarmos a nossa peça ao quebra-cabeça do planeta. A maioria das pessoas está tão presa ao seu próprio ego que pensa: "Tudo gira em volta de mim, de mim e de mim". Ponto. No entanto, se você quer ser rico no verdadeiro sentido da palavra, isso não pode se limitar a você, tem que incluir o valor que você acrescenta na vida dos outros.

Buckminster Fuller, um dos maiores inventores e filósofos da nossa época, disse: "O propósito da nossa vida é acrescentar valor à vida das pessoas desta geração e das gerações seguintes". Cada um de nós veio ao mundo com talentos naturais e habilidades específicas. Esses dons nos foram dados por uma razão: para usá-los e compartilhá-los.

Pesquisas mostram que, hoje, os indivíduos mais felizes são aqueles que exploram ao máximo seus talentos. Parte da nossa missão na vida deve ser, portanto, partilhar nossos talentos e nosso valor com o maior número possível de pessoas. Isso requer estarmos disposto a pensar grande.

E eu lhe pergunto: você prefere resolver os problemas de mais pessoas ou de menos pessoas? Se respondeu mais, você precisa começar a pensar grande e decidir ajudar um grande número de pessoas, milhares, milhões até. O efeito disso é que quanto mais gente você auxiliar, mais rico ficará nos planos mental, emocional, experimental e, por fim, financeiro

ARQUIVO DE RIQUEZA N.° 5

As pessoas ricas veem oportunidades. As pessoas de mentalidade pobre identificam obstáculos.

As pessoas ricas reconhecem o potencial de crescimento; já as de mentalidade pobre consideram potencial de perda. As pessoas ricas focam em remuneração; as de mentalidade pobre concentram-se no risco. Tudo se resume à velha questão: "O copo está meio cheio ou meio vazio?".

Não estou falando de pensamento positivo. Estou me referindo a sua perspectiva habitual do mundo. Grande parte das pessoas de mentalidade pobre toma decisões inspirada pelo medo. A mente delas está o tempo todo à procura do que se está ou pode dar errado em qualquer situação. A programação mental primordial delas é: e se não der certo? Ou, mais frequentemente: isso não vai dar certo.

Quem possui uma visão de classe média é ligeiramente mais otimista. A programação mental é: espero que dê certo. Os ricos, como já foi dito, assumem a responsabilidade pelos resultados de suas vidas e agem segundo a programação mental: "Vai dar certo porque eu farei com que dê certo". Eles esperam ser bem-sucedidos e têm confiança em sua capacidade e sua criatividade, e acreditam que, se alguma coisa falhar, eles descobrirão outro jeito de obter sucesso.

De modo geral, quanto maior a recompensa maior o risco. Por verem oportunidades o tempo todo, as pessoas ricas estão disposta a arriscar. Elas acreditam que conseguirão recuperar seu dinheiro caso "a vaca vá para o brejo".

ARQUIVO DE RIQUEZA N.° 6

As pessoas ricas admiram outros indivíduos ricos e bem-sucedidos. As pessoas de mentalidade pobre guardam ressentimento de quem é rico e bem-sucedido, olhando para eles com inveja. Ora alfinetam com frases do tipo: "Que sorte que eles têm", ora sussurram: "Esses ricos idiotas".

Se você quer ser uma boa pessoa, mas considera os ricos naturalmente maus, nunca será um deles. É impossível. Como você pode ser algo que despreza? É espantoso observar o ressentimento e até a raiva pura e simples que muitas pessoas de mentalidade pobre têm dos ricos. É como se acreditassem que eles são responsáveis pela situação difícil em que elas se encontram. "É isso mesmo. Os ricos ficam com todo o dinheiro, por isso não sobra nenhum para mim". Esse é um típico e perfeito discurso da vítima.

ARQUIVO DE RIQUEZA N.° 7

As pessoas ricas buscam companhia de indivíduos positivos e bem-sucedidos. As pessoas de mentalidade pobre buscam companhia de indivíduos negativos e fracassados.

As pessoas bem-sucedidas observam outras pessoas de sucesso para se motivarem, olham para elas como exemplos, com os quais podem aprender, e dizem a si mesmas: "Se elas conseguem, eu também consigo". Como afirmei antes, o exemplo propicia uma das maneiras fundamentais do aprendizado.

Quem é rico sente-se grato por outras pessoas terem alcançado o sucesso antes deles, pois com um modelo para seguir fica mais fácil de encontrar o seu próprio sucesso. Por que reinventar a roda?

Existem métodos comprovados para enriquecer que dão certo para quase todos que os aplicam. E um dos modos mais rápido e fácil de enriquecer é aprender com as pessoas ricas, pois os mestres em fazer fortunas jogam o jogo da riqueza. Então basta copiar suas estratégias internas e externas. Faz sentido: se você tiver uma programação mental idêntica a dessas pessoas e imitar sua forma de agir, suas chances de obter os mesmos resultados serão muito grandes. Foi o que eu fiz e é disso que este livro trata.

Ao contrário dos ricos, muitas pessoas de mentalidade pobre, quando ouvem falar do sucesso de alguém, costumam julgar e criticar, além de tentar puxar esse indivíduo para o seu próprio nível. Quanta gente assim você conhece? Quantos parentes seus agem assim? A questão é: como é possível aprender com os indivíduos que você critica ou se inspira neles? Sempre que sou apresentado a alguém muito rico dou um jeito de conhecer a pessoa e aprender como ela pensa. Se você acha que estou errado em fazer isso, é porque talvez pense que eu deveria ficar amigo de quem está na pior. Eu não concordo. Como mencionei anteriormente, a energia é contagiosa e não quero me expor a influências negativas.

ARQUIVO DE RIQUEZA N.° 8

As pessoas ricas gostam de se promover. As pessoas de mentalidade pobre não apreciam vendas nem autopromoção.

Não gostar de autopromoção é um dos grandes obstáculos ao sucesso. Em geral, quem reage negativamente a vendas e promoções está no pior ponto. É óbvio que alguém que pode obter uma receita significativa com seu próprio negócio ou como representante de um, se não está disposto a deixar os outros saberem que ele, ou seu produto, ou seu serviço existem?

No caso de quem é empregado, se a pessoa não divulgar as próprias virtudes, outro funcionário que se dispõe a fazer isso passará à sua frente na hierarquia da empresa. Geralmente, as pessoas ricas são líderes e todo grande líder é excelente em autopromoção. Quando você é um líder você tem seguidores, mas também pessoas que se opõem, portanto você deve ser capaz de convencer, inspirar e motivar outros a adotarem as suas ideias. Até os presidentes dos países precisam "vender" as suas ideias o tempo todo ao público, ao Congresso e até ao seu partido para vê-las implementadas. E, muito antes disso, precisaram vender a si próprios para se elegerem. Em suma, todo líder que não pode ou não quer se promover, não ocupará essa posição por muito tempo, seja na política, nos negócios, nos esportes ou nem mesmo em casa, como pai ou como mãe. Insisto nisso porque os líderes ganham muito mais dinheiro do que seus seguidores.

ARQUIVO DE RIQUEZA N.° 9

As pessoas ricas são maiores do que seus problemas. As pessoas de mentalidade pobre são menores do que os problemas.

Como já disse, enriquecer não é um passeio no bosque. É uma viagem cheia de curvas, guinadas, desvios e obstáculos. A estrada para a riqueza é repleta de perigos e armadilhas, e é precisamente por isso que a maioria das pessoas não a toma.

Elas não querem os atritos, as dores de cabeça e as responsabilidades decorrentes. Em suma, não desejam um problema. Nesse aspecto se encontra uma das maiores diferenças entre as pessoas ricas e bem-sucedidas e as pessoas de mentalidade pobre: as primeiras são maiores do que seus problemas enquanto as últimas são os menores do que eles.

Aqueles que pensam pequeno fazem qualquer coisa para evitar obstáculos, quando se veem diante de um desafio saem correndo. A ironia é que nessa busca por uma vida sem complicações eles acabam tendo outros problemas, o que muitas vezes os leva a se sentirem fracassados. O segredo do sucesso não é se esquivar ou se livrar deles, mas crescer pessoalmente para se tornar maior do que qualquer adversidade.

ARQUIVO DE RIQUEZA N.º 10

As pessoas ricas são excelentes recebedoras. As pessoas de mentalidade pobre são péssimas recebedoras.

Se eu tivesse que estabelecer a causa número um que impede muita gente a atingir seu pleno potencial financeiro, ela seria a seguinte: não saber receber.

A maioria das pessoas pode ou não saber dar, mas, definitivamente, não é boa em receber; por causa disso acaba não recebendo mesmo. Receber costuma ser um desafio por diversas razões. Uma delas é que a pessoa não se sente digna ou merecedora, e isso permeia toda a nossa sociedade.

Eu diria que mais de que 90% dos indivíduos carregam o sentimento de não serem merecedores de receber algo. Mas de onde vem tanta baixa autoestima? Da fonte de sempre: do seu próprio condicionamento. Na maior parte dos casos, é o resultado de ouvirmos vinte respostas "não" para um "sim", dez "você está fazendo errado" para apenas um "você está fazendo certo", e cinco "você é um trouxa" para cada um "você é o máximo".

Por mais positivos que tenham sido os nossos pais ou responsáveis, em geral acabamos carregando o sentimento de não estarmos à altura dos seus elogios e das suas expectativas. Por isso não nos consideramos merecedores.

1. Pratique ser um excelente recebedor

Toda vez que alguém o elogiar por qualquer motivo, diga apenas: "Obrigado". Não retribua a gentileza na mesma hora. Isso permitirá que você receba plenamente o elogio, aproprie-se dele em vez de "mandá-lo de volta", como muita gente faz. Além disso, garante à pessoa que o elogiou a alegria de ele lhe dar esse presente sem ter o desfazer da devolução.

2. Absolutamente, todo o dinheiro que você achar ou receber deve ser festejado com muito entusiasmo

Vai em frente e declare em alto e bom som: "Eu sou um imã que atrai dinheiro. Obrigado. Obrigado. Obrigado". Isso vale para o dinheiro que você encontrar no chão, para o dinheiro que receber de presente, para aquele que vier do governo, para o que chegar às suas mãos como pagamento e para aquele que o seu negócio lhe proporcionar. Lembre-se: o universo está programado para apoiá-lo. Caso você continue declarando que é um imã que atrai dinheiro, e especialmente se você tem uma prova disso, o universo dirá apenas "certo" e lhe enviará mais.

3. Trate-se com carinho

Pelo menos uma vez por mês tenha uma atitude especial para agradar a você mesmo e aos seus espíritos. Receba mensagens, corte o cabelo num salão chique, dê-se um almoço ou um jantar refinado, alugue um barco ou uma casa de praia ou peça para alguém que lhe sirva o café da manhã na cama. Faça coisas que lhe permitam se sentir rico e merecedor. Mais uma vez: a energia vibracional que você emite nesse tipo de experiência enviará ao universo a mensagem de que a abundância está presente na sua vida e, insisto, o universo simplesmente fará o trabalho dele, dizendo "certo" e lhe dando mais oportunidade.

ARQUIVO DE RIQUEZA N.º 11

As pessoas ricas preferem ser remuneradas por seus resultados. As pessoas de mentalidade pobre preferem ser remuneradas pelo tempo que despendem.

Você já deve ter ouvido um conselho deste tipo: "Vá à escola, tire boas notas, arranje um bom emprego, consiga um contracheque estável, seja pontual, trabalhe duro... e será feliz para sempre!". Não sei qual a sua opinião a respeito disso, mas eu gostaria de ter uma garantia dessa promessa por escrito. Infelizmente, esse conselho vem de um livro dos contos de fadas. Não vou me dar o trabalho de desmascarar essa afirmação. Você é capaz de fazer isso sozinho observando a sua própria experiência e a vida das pessoas ao seu redor. O que eu quero analisar é a ideia que está por trás do contracheque estável.

Não há nada de errado em ter um contracheque estável, a não ser que ele intervenha na sua capacidade de ganhar o que merece. É nesse ponto que está o problema: ele geralmente interfere. As pessoas de mentalidade pobre preferem ter um salário garantido ou serem remuneradas por horas trabalhadas. Elas precisam da segurança, saber que terão aquela quantia de dinheiro na mesma data, todos os meses. O que elas não percebem é que essa segurança tem um preço, que é não alcançar a riqueza.

A vida baseada na segurança é uma vida fundamentada no medo. Na verdade, o que essa pessoa está dizendo é: "Temo não ser capaz de ganhar o suficiente pelo meu desempenho, por isso me contento em receber o suficiente para sobreviver ou ter algum conforto".

As pessoas ricas escolhem serem remuneradas pelos resultados que produzem, ou, pelo menos, em parte. Elas costumam ter seu próprio negócio e tiram seus rendimentos dos lucros que obtêm; ganham por comissão ou por percentual de receita; preferem ações da empresa ou participações nos lucros a salários altos. Observe que nenhuma dessas fontes de renda dá garantias.

Como disse anteriormente, no mundo financeiro as recompensas costumam ser proporcionais aos riscos. Os que acreditam em si mesmos creem em seu valor e em sua capacidade de agregá-lo ao mercado. Pessoas que pensam pequeno não pensam assim e por isso precisam de garantias.

ARQUIVO DE RIQUEZA N.º 12

As pessoas ricas pensam: posso ter duas coisas. As pessoas de mentalidade pobre pensam: posso ter uma coisa ou outra.

As pessoas ricas vivem numa realidade de abundância; já as de mentalidade pobre vivem num universo de limitações. Embora elas habitem no mesmo mundo físico, a diferença está em suas perspectivas.

Os indivíduos que pensam pequeno cultivam conceitos baseados na escassez. Deixam-se guiar por lemas como "nunca se tem o bastante" e "nunca se pode ter tudo". Assim, embora ninguém possa ter "tudo", afinal, isso faz parte da vida, eu acredito que você é capaz de ter "tudo o que realmente quer".

Você almeja uma carreira de sucesso ou ter mais tempo para ficar com sua família? Ambos. Você quer se dedicar aos negócios ou se divertir? Ambos. As pessoas de mentalidade pobre escolhem uma coisa ou outra, enquanto os ricos optam por ambas. Elas entendem que com um pouco de criatividade podem quase sempre imaginar uma forma de ter o melhor dos dois mundos. De agora em diante, quando você se confrontar com uma situação do tipo "ou uma coisa ou outra", o ponto fundamental é perguntar a si mesmo é: como posso ter as duas coisas?

Esse tipo de questionamento mudará a sua vida e o livrará de um modelo de escassez e limitações, dando-lhe um universo de possibilidades e abundância.

ARQUIVO DE RIQUEZA N.º 13

As pessoas ricas focalizam seu patrimônio líquido. As pessoas de mentalidade pobre focam em seu rendimento mensal.

Em geral, quando o assunto é dinheiro, as pessoas costumam perguntar: "Quanto você ganha?". Já em um ambiente de alta classe, as conversas sobre dinheiro costumam ser a respeito do patrimônio:

"O Pedro acabou de vender as ações. Agora ele tem um patrimônio de mais de 3 milhões".

"A empresa de João abriu um capital. Agora ele possui 5 milhões".

"Maria vendeu a firma e agora tem 8 milhões".

Ninguém diz: *"Sabia que o Ricardo ganhou um aumento, além de uma ajuda de custo de 2%?".*

A verdadeira medida da riqueza é o patrimônio líquido e não o rendimento. Foi sempre assim e sempre será. Ponto. O patrimônio líquido é o valor de tudo o que uma pessoa tem para determinar seu patrimônio. Some o valor de todas as coisas que você possui — dinheiro, ações, títulos, imóveis, seu negócio atual, sua casa etc. — e depois subtraia tudo que deve. O patrimônio líquido é a medida definitiva da riqueza, porque é necessário os bens poderem ser cuidados, ou seja, convertidos em dinheiro. Quem é rico sabe que é uma imensa diferença entre rendimentos e patrimônios líquidos.

ARQUIVO DE RIQUEZA N.° 14

As pessoas ricas administram bem o seu dinheiro. As pessoas de mentalidade pobre administram mal o seu dinheiro.

Para escrever *O milionário mora ao lado*, Thomas Stanley pesquisou milionários de toda a América do Norte. O livro mostra quem são eles e como fizeram fortuna. E as lições contidas no livro podem ser resumidas em uma única frase: "Os ricos sabem gerir as suas finanças".

As pessoas ricas administram bem o seu dinheiro; já as de mentalidade pobre não. Os ricos não são mais inteligentes do que os indivíduos de mentalidade pobre. Eles apenas têm hábitos diferentes e mais positivos em relação às finanças, como já explicado no tópico 1, e esses hábitos baseiam-se, primordialmente, no condicionamento de cada um.

Se alguém não controla o próprio dinheiro de modo adequado é porque provavelmente não foi programado para lidar com esse assunto. E é possível também que essa pessoa não saiba gerir seu dinheiro de forma simples e eficaz. Não sei se é o caso, mas a faculdade que eu frequentei não oferecia um curso administrativo de dinheiro. Talvez o tema não tenha muito glamour, mas ele se resume a isto: o que distingue o sucesso do fracasso financeiro é a capacidade da pessoa em administrar seu próprio dinheiro.

É simples: para controlar o dinheiro é necessário administrá-lo. Quem pensa pequeno administra mal suas finanças ou evita esse tema completamente. Muitos indivíduos não gostam de gerir a sua vida financeira porque, segundo dizem, isso lhes tira a liberdade, ou apenas porque não têm dinheiro suficiente para controlar. Quanto à primeira desculpa: administrar o dinheiro não restringe a liberdade de ninguém, ao contrário, aumenta.

Tomar a frente dessa atividade é o que dá à pessoa a situação financeira de que ela precisava para nunca mais ter que trabalhar na vida. Essa, para mim é a verdadeira liberdade.

ARQUIVO DE RIQUEZA N.º 15

As pessoas ricas colocam o seu dinheiro para dar duro para elas. As pessoas de mentalidade pobre dão duro pelo seu dinheiro.

Se você, como a maioria das pessoas, cresceu programado para acreditar que "tem que dar duro para ganhar dinheiro", são boas as chances, porém, de que tenha sido criado sem o condicionamento de que tão importante quanto isso é fazer o seu dinheiro dar duro para você.

Não resta dúvida de que trabalhar muito é importante, mas somente isso nunca o tornará rico. Como eu sei disso? Observe o mundo real. Existem milhões, bilhões de pessoas que se matam de trabalhar, suam a camisa durante todo o dia e até à noite. São todas ricas? Não. A maioria delas vive na pindaíba ou quase lá. Por outro lado, quem você vê falando pelos clubes de alta classe de todo o mundo? Quem joga golfe ou tênis e sai velejando por aí? Quem curte os dias fazendo compras e as semanas em boas férias? Os ricos, é claro. Portanto eu vou ser direto: a ideia de que é necessário trabalhar duro durante toda a vida para ficar rico é besteira.

Um antigo ditado propõe: "Um real de trabalho por um real de salário". Não há nada de errado com esse provérbio, exceto que ele não diz o que fazer com esse real salário, saber que mudar para essa quantia é o que permite passar do trabalho duro para o trabalho inteligente. Os ricos podem viver seus dias se divertindo e relaxando porque trabalham de maneira inteligente.

Eles compreendem o princípio de alavancagem e o utilizam, e colocam não só outras pessoas como o próprio dinheiro para trabalharem para eles. A minha experiência diz que fato: é necessário trabalhar muito para ganhar dinheiro. Para as pessoas ricas, no entanto, essa é uma situação temporária, enquanto para quem tem uma mentalidade pobre é permanente.

ARQUIVO DE RIQUEZA N.º 16

As pessoas ricas agem apesar do medo. As pessoas de mentalidade pobre deixam se paralisar pelo medo.

No começo foi apresentado o processo de manifestação. Reveja a fórmula: pensamentos conduzem a sentimentos, sentimentos conduzem a ações, ações conduzem a resultados. Milhões de pessoas "pensam" em ficar ricas e milhares delas fazem meditação e declarações com esse objetivo, além de visualizarem a riqueza que querem conquistar. Eu medito quase todos os dias, mas nunca aconteceu de eu estar sentado meditando ou fazendo uma visualização e cair um saco de dinheiro na minha cabeça. Acredito que sou apenas um dos que têm que fazer alguma coisa para ter sucesso.

A meditação, as visualizações e as declarações são ferramentas maravilhosas, mas até onde eu sei, nenhuma delas por si só proporciona dinheiro no mundo real. Você tem que tomar medidas concretas para vencer. E por que a ação é tão decisiva? Retornando ao processo de manifestação dos pensamentos e sentimentos: eles fazem parte do mundo interior ou exterior? Do mundo interior. Isso quer dizer que a ação é "ponte" entre os dois mundos.

ARQUIVO DE RIQUEZA N.º 17

As pessoas ricas aprendem a se aprimorar o tempo todo. Ponto. As pessoas de mentalidade pobre acreditam que já sabem tudo.

No começo dos meus seminários, apresento às pessoas o que eu chamo de as três palavras mais perigosas que pronunciamos. São elas: "Eu já sei". Mas como você sabe de alguma coisa? É simples. Se você vivencia, você sabe. Do contrário, ouviu falar, leu sobre ou comentou a respeito, mas não sabe. Para ser direto: é provável que você ainda tenha muito a aprender em relação a dinheiro, sucesso e vida.

Como já expliquei no começo deste livro, na minha época de "vacas magras" tive a sorte de receber o conselho de um antigo amigo da minha família, que era multimilionário. Ele teve compaixão ao me ver naquela situação difícil. Lembro-me bem do que ele me disse: "Harv, se as coisas não estão indo como você gostaria, isso quer dizer apenas que há algo que você não sabe". Felizmente, eu levei essa sugestão a sério e passei de saber tudo a "aprender tudo". Daquele momento em diante, a minha vida mudou completamente.

As pessoas de mentalidade pobre estão sempre tentando provar que estão certas. Usando a máscara de quem já sabe tudo, elas dizem que foi um golpe de má sorte ou um problema passageiro o que deixou falidas, ou numa situação em que têm que sacrificar muito mais para conseguirem dinheiro. Uma das minhas frases mais conhecidas é: "Ou você está certo ou você é rico. Nunca as duas coisas ao mesmo tempo".

"Estar certo" corresponde a se aferrar a velhos modos de ser e pensar. Sinto dizer, mas foi isso que o conduziu à situação em que você está agora. Essa filosofia também se aplica à felicidade, no sentido de que ou você está correto ou você é feliz.

As pessoas de mentalidade pobre dizem que não podem se instruir por falta de tempo e dinheiro. Os ricos, por outro lado, estão mais ligados à citação de Benjamin Franklin: "Se você acha que a instrução é cara, experimente a ignorância". Tenho certeza de que você já ouviu isto antes: conhecimento é poder e poder é a capacidade de agir.

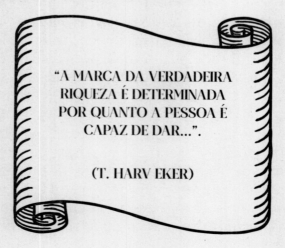

"A MARCA DA VERDADEIRA RIQUEZA É DETERMINADA POR QUANTO A PESSOA É CAPAZ DE DAR...".

(T. HARV EKER)

CAPÍTULO 10

PRATICANDO O CONHECIMENTO

Quero agradecer e parabenizar você, leitor e amigo, que chegou até este último capítulo de *Você prosperando*. Você mostrou que seu interesse em evoluir é mais forte do que ficar estagnado, recebendo os mesmos resultados. Você entendeu que para ter melhores resultados precisa aplicar novos métodos em sua vida, pois não basta apenas aprender, é necessário praticar, desenvolver a rotina dos bons hábitos, ter práticas saudáveis e prósperas, e que, qualquer coisa que se queira materializar no mundo exterior, primeiro tem que ser criada no mundo interior.

Desde o primeiro capítulo você recebeu valiosas informações de como melhorar todos os aspectos da sua vida: melhorar como profissional e como ser humano, evoluir e alavancar a parte financeira. E, ainda, que com esse conhecimento você pode agregar valor à vida de outras pessoas. Mas, primeiro, você tem que aplicar os métodos em sua vida e, então, viver as maravilhosas experiências da transformação pessoal. Não digo que será fácil, mas será vantajoso em médio e longo prazo. E, afinal... O que você tem a perder? Pelo contrário, você só tem a ganhar.

A maneira como você lida com as dificuldades, têm que ser mudada se você quiser evoluir. Entenda que cada dificuldade, cada decepção ou derrota é uma oportunidade de amadurecimento e crescimento, pois aquilo que não te mata te deixa mais forte. Tudo se trata de um ponto de vista.

Porém jamais aceite a derrota, jamais se coloque como última pessoa, jamais pense que você é menos especial do que qualquer outra no mundo. Entenda que se você se concentrar em seus propósitos e objetivos, você desenvolverá uma energia incrível e, canalizando essa energia no ponto central do que você quer para sua vida, com certeza matemática você alcançará seu objetivo.

Como disse Einstein: "Isso não é filosofia, isso é física".

O que um ser humano pode fazer, outro, com certeza, pode fazer exatamente igual. O ponto determinante é querer.

Tomada de decisões

As pessoas que chegam aos 40, 50, 60 anos sem ainda não saberem o que querem da vida, na verdade são pessoas com medo de fracassar, por isso não decidem o que querem. Confortável é ficar no mesmo lugar por medo de não conseguir. Quando você se compromete com um propósito, você terá êxito ou fracassará, e é isso que gera insegurança nas pessoas que não lidam bem com derrotas.

Então vamos algumas dicas de evolução:

1. Desenvolver o autoconhecimento.

2. Desenvolver ferramentas específicas que te levam ao seu objetivo.

3. Saber que uma derrota não é o fim (é aprendizado).

4. Entenda que existe algo que você ainda não sabe, por isso ainda não teve êxito.

5. Tenha hábitos iguais aos das pessoas bem-sucedidas, que estão onde você quer estar.

"O TAMANHO DO SEU RESULTADO SERÁ PROPORCIONAL AO ESFORÇO APLICADO".

(VAGNER NEPOMUCENO)

Independência financeira

As pessoas confundem independência financeira com ser rico. A diferença está na quantidade de dinheiro que o rico tem. Quem tem independência financeira consegue ter tranquilidade, tempo e oportunidade em relação à criatividade para novos negócios assim como os ricos. Porém a independência financeira consiste em conseguir manter o padrão de vida desejada sem precisar depender do salário de um emprego fixo. A ideia é ter equilíbrio financeiro e trabalhar por prazer ou opção e não pela necessidade de pagar as contas no final do mês. Você pode adquirir independência financeira da seguinte forma:

— Desenvolva outras fontes de renda que se equiparem ao seu salário ou com o valor que você recebe como renda principal. Por exemplo: se hoje você tem um valor mensal que garanta suas despesas familiares, você deve tirar uma parte da sua renda principal, tipo 10%, e começar a investir esse valor em um novo negócio. Faça um diagnóstico financeiro pessoal, tenha o hábito de realizar um controle financeiro pessoal e objetivos financeiros bem definidos.

Faça seu dinheiro trabalhar para você. O segredo é ter negócios que não exijam sua presença para entrar dinheiro em sua conta bancária.

Opção 1: você pode estudar sobre a bolsa de valores e fazer investimentos em ações, títulos, fundos imobiliários etc.

Opção 2: após ter poupado durante uns seis meses 10% da sua renda principal, revenda produtos nas redes sociais ou pessoalmente, dobrando o valor investido e investindo novamente

Opção 3: entender que quanto mais você conhece, estuda, aprimora-se em conhecimentos específicos voltados à inteligência financeira, associado ao valor que está acumulado dos 10% que você retira dos seus rendimentos, em um determinado momento você começará a enxergar as oportunidades que aparecerão para alavancar suas finanças, e tudo isso associado ao seu conhecimento, que cresce dia a dia, e à criatividade que começa a aflorar em sua mente. Acredite... Funciona!

— Existe uma centena de opções de novos negócios a serem explorados. Você precisa descobrir com qual você se adapta melhor e tem prazer em fazer.

CONCLUSÃO

Ser independente financeiramente é usufruir da vida podendo escolher com o que quer trabalhar e quais atividades desenvolver.

Estar de bem com as suas finanças e ver seus objetivos financeiros serem alcançados ao longo dos anos é sinônimo de liberdade.

Para se organizar e alcançar a independência financeira é necessário fazer um planejamento financeiro, manter a disciplina e focar em seus propósitos.

"Aumente sua renda passiva ano após ano. Esse é um dos pontos principais".

— Warren Buffett começou com 100 dólares e os transformou 30 bilhões. Isso significa que não é sobre o dinheiro que você tem, é sobre o conhecimento que você tem e/ou adquire. Não há barreiras reais para você ficar rico se você estiver disposto a trabalhar e a aprender em prol do seu objetivo.

"EXISTEM DUAS REGRAS PARA INVESTIMENTOS.
REGRA N.º 1: NUNCA PERCA SEU DINHEIRO.
REGRA N.º 2: NUNCA SE ESQUEÇA DA REGRA N.º 1".
(WARREN BUFFETT)

E finalizando esta obra, falarei do que há em você e o quanto é importante e especial, por isso precisa viver em prosperidade e em uma vida com propósito

Entendendo suas qualidades

Aplicar o processo de ser próspero faz com que você enxergue com clareza o quanto você é especial e quantas virtudes humanas você tem. Vou listar apenas dez das inúmeras já registradas, e a partir disso o convido praticar essas qualidades humanas que nos faz viver melhor.

Honestidade, honra, otimismo, determinação, persistência, resiliência, humildade, disciplina, amorosidade e gratidão.

1. Honestidade

A pessoa honesta age de acordo com o que acredita ser correto, ou seja, suas ações são pautadas em seus valores morais e éticos

Quem é honesto costuma ser coerente em suas ações e nos discursos no dia a dia, vivendo de acordo com o que acredita ser verdadeiro e bom

2. Honra

A honra é a qualidade que indica uma pessoa com virtude, honesta e com conduta correta, o que a faz ser bem-vista pela sociedade

Pessoas honradas buscam seguir bons caminhos, principalmente em nome da família e do local onde vivem

3. Otimismo

O otimismo é a capacidade de enxergar as coisas boas acima das ruins.

Uma pessoa otimista vê o lado positivo das situações e fica satisfeita com o que acontece em sua vida, acreditando que tudo é um aprendizado e que sempre há algo bom pra acontecer.

4. Determinação

Quem é determinado persiste, firmemente, para conseguir o que quer.

São pessoas que acreditam muito em suas metas e têm coragem para ultrapassar qualquer obstáculo e ir atrás do que desejam.

5. Persistência

A persistência é a característica de seguir sempre em frente para cumprir um objetivo, independentemente dos obstáculos.

Essa qualidade tem relação com o foco e a capacidade de superar problemas a todo o tempo sem desistir do seu propósito, mesmo que isso signifique recomeçar o processo inúmeras vezes.

6. Resiliência

A resiliência tem a ver com a habilidade de manter o equilíbrio emocional e psicológico ao sofrer grandes mudanças na vida, superar problemas ou lidar com situações complicadas.

7. Humildade

A pessoa humilde é modesta e simples e tem consciência de suas limitações e da capacidade de errar e acertar

A humildade tem a ver com modéstia e simplicidade. Uma pessoa simples não é pretensiosa.

8. Disciplina

A pessoa disciplinada consegue realizar tarefas e obrigações, cumprindo seus objetivos mesmo quando não deseja fazer ou está desmotivada.

A disciplina requer força de vontade quanto ao que deve ou não ser feito. É uma qualidade bastante valorizada no ambiente de trabalho.

9. Amorosidade

Pessoas amorosas transmitem carinho, atenção, empatia e respeito para aqueles ao seu redor, e geralmente buscam o bem-estar do outro por meio de suas próprias ações.

10. Gratidão

É um sentimento de reconhecimento, uma emoção por saber que uma pessoa fez uma boa ação, um auxílio em favor de outra. Gratidão é uma espécie de dívida e de agradecimento a outra pessoa por ter feito algo muito benéfico para ela.

Gratidão ocorre sempre que alguém faz algo que a outra gostaria que acontecesse, sem esperar nada em troca. Isso faz com que tanto a pessoa que fez ação quanto a que recebeu, sinta-se feliz. A gratidão traz junto dela uma série de outros sentimentos, como amor, fidelidade, amizade e muito mais...

Dizem que a gratidão é um sentimento muito nobre.

Sentir-se grato também é associado a um estado de espírito e não se refere somente a bons acontecimentos. A sensação de gratidão pode estar relacionada a todos os acontecimentos da vida de uma pessoa, que pode, inclusive, sentir-se grato também por experiências ruins que lhe trouxeram algum aprendizado. Assim, a gratidão pode estar relacionada não só a graças ou ajuda recebidas, mas a todas as experiências de vida de uma pessoa durante sua vida e seus relacionamentos.

Agora, você pode estar em dúvida por onde começar. Talvez esteja se perguntando se foi uma boa leitura, o que fazer, por onde começar. Eu digo a você que este livro é para ser estudado, não é apenas um livro qualquer de ficção ou de entretenimento.

Você pode começar definindo um objetivo, e a cada capítulo absorver o máximo de informações possíveis. Como tudo começa em um pensamento e é você quem cria e molda a sua realidade, volte aos capítulos que não entendeu bem e estude com o máximo de atenção.

Desenvolvimento pessoal e educação financeira devem ser acrescentados em sua vida para você evoluir. E a finalidade deste livro é fazer com que você adquira uma boa saúde financeira, que te proporcione liberdade; que seja uma pessoa consciente e que faz escolhas conscientes; que tenha saúde emocional e resistência física; que defina e escreva seus objetivos; que encontre as ferramentas que te levem até eles; que seja alguém que alcançou o que queria e que também saiba definir o que não quer mais na sua vida, o que te atrapalha a chegar em seus objetivos.

Por fim... Eu espero contribuir com o seu crescimento com esta obra, pois o desenvolvimento humano nunca pode parar. Todos os dias adquirimos novas experiências e novas capacidades de evoluir. Isso não tem limite.

Assim, agradeço a Deus e a você, caro leitor...

Obrigado por dedicar seu precioso do tempo à leitura desta obra. Desejo a você um enorme sucesso, que você tenha felicidade e paz...

Agradecimentos finais

Obrigado a Karla Carvalho (em memória),
que sempre acreditou que seria possível.

VOCÊ PROSPERANDO

"O tamanho do seu resultado será proporcional ao esforço aplicado".
(Vagner Nepomuceno)

Todos os seres humanos são iguais, dotados das mesmas capacidades mentais. Mas por que, então, apenas alguns alcançam a prosperidade e o sucesso enquanto outros fracassam?

O livro *Você prosperando* responde a essa pergunta e te proporciona conhecimento e técnicas, e como remodelar seus pensamentos para chegar no resultado que deseja.

Faça como centenas de pessoas ao longo da história, que alcançaram seus objetivos remodelando a forma de pensar.